ars vivendi

Klaus Schamberger
Umg'schaut

Ausgewählte Kolumnen aus
der *Nürnberger Zeitung*

ars vivendi

Die Beiträge stammen allesamt aus der gleichnamigen wöchentlichen Kolumne in der *Nürnberger Zeitung.*

Originalausgabe

1. Auflage August 2021
© 2021 by ars vivendi verlag
GmbH & Co. KG, Cadolzburg
Alle Rechte vorbehalten
www.arsvivendi.com

Umschlaggestaltung: ars vivendi, nach einem Klaus Schamberger gewidmeten Bild von Toni Burghart
Typografie und Ausstattung: ars vivendi
Druck: Custom Printing
Printed in the EU

ISBN 978-3-7472-0310-1

Umg'schaut

Inhalt

Blaue Nacht bis zur Umnachtung

Ich hab es sehr gern, wenn ich mit einhundert- oder ein-hundertfünfzigtausend Mitmenschen des Abends durch unsere baldige europäische Kulturmetropole geschlendert werde. Es ist unterhaltsam, es wärmt und es ist sehr schön, wenn man danach wieder daheim ist und seine Ruhe hat. Wahrscheinlich haben Sie schon gemerkt, dass ich nicht von meinen Eindrücken am Nürnberger Christkindles-markt berichte, sondern von der Blauen Nacht, die mir ganz früher ja nur durch das Lied von Lale Andersen »Blaue Nacht, o blaue Nacht am Hafen« bekannt gewesen ist. Jetzt aber wieder Nürnberg in seiner Eigenschaft als blauer Nachthafen: Die letzte Blaue Nacht also war, bevor sie von der Weltseuche gemeuchelt worden ist, wie fast immer, sehr gwerchhaft, sehr unterhaltsam und vor allem kulturmäßig enorm lehrreich. Erwähnt seien in diesem Zusammenhang nur die *performative Textinstallation* vor der Industrie- und Handelskammer, die *partizipative Licht-performance* im Nebenrathaus in der Theresienstraße, eine *multimediale Interaktivität* hinterm Hauptmarkt, noch einmal was *Performatives*, und zwar eine *Intervention*, in der Katharinenruine, oder eine Angelegenheit namens *Mind and Dance – Broaden your Horizon*. Also Dinger, da schlackerst mit den Synapsen, so du welche hast.

Bei mir werden die Synapsen infolge einer immer län-ger werdenden Vergangenheit zuungunsten der Zukunft spürbar weniger. Dennoch hat mir die Blaue Nacht rein performativ wieder gut gefallen. Dem Ausruf eines blauen Mit-Nachtwanderers »Einmalich, des Gwerch!« muss ich allerdings entschieden widersprechen, vor allem, was das enthusiastische »Einmalich« betrifft. Denn Blaue

Nächte hat es in Nürnberg schon gegeben, da ist unsere jetzige Kulturreferentin noch in den Präparandenunterricht gegangen. Von einer Einmaligkeit der Blauen Nacht kann also keine Rede sein.

Jene damaligen Blauen Nächte haben, wie heutzutage auch, des Abends gegen 19.30 Uhr begonnen und in ihrer wahrhaft denkwürdigen Partizipativität in einer Bläue geendet, von der eine Lale Andersen nur träumen hat können. In der Jetztzeit eingeholte Reminiszenzen, besser: Erinnerungsfetzen oder ganz kleine Bruchstücke von sogenannten Filmrissen, beginnen meist mit dem rhetorischen Seufzer: »Wassders nu?« Vollständige Satzaussage: »Wassders nu – dou woor mer amol alle middernander bis iibern Oorsch noo bsuffn …« Es sei da gschwind eingeschoben: Bei den damaligen jungen Leuten und Leutinnen, die ihre alten Erinnerungen mit diesem »Wassders nu – dou woor mer amol alle bis iibern Oorsch noo bsuffn« beginnen, handelt es sich nicht selten um jene ewigen Oberleerer (mit zwei e), die jedwedem aktuellen Koma-Saufen teils mit großer Entrüstung, teils mit dem erhobenen Zeigefinger (den sie sich früher vor lauter Elend in den Hals gesteckt haben) entgegentreten.

Um aber wieder auf uns wahre Erfinder der Blauen Nacht zurückzukommen: Da hat es sich zum Beispiel ereignet, dass jemand im *Gunzenhausner Bräustübl* früh um drei Uhr angeordnet hat, wir sollten jetzt eine Menschenpyramide in irrlichter Höhe von drei Metern bilden, sodass die Pyramidenspitze in Gestalt eines namhaften Stammtischteilnehmers ganz furchtbar auf die Waffl geflogen ist und er eine Woche lang nicht sprechen hat können. Was aber kein Unglück war, sondern eher ein Segen. Oder wir haben des Winters das auch nicht gerade niedrige Standbild des Martin Behaim in der Theresienstraße erklommen und dem angeblichen Globuserfinder einen Adventskranz über den Kopf gestülpt. Auch ist einmal einer von uns über die gusseiserne Umgitterung des Schönen Brunnens gestiegen und hat dort einige, inzwischen Gott sei Dank fachmännisch restaurierte Verheerungen durchgeführt.

Sogar leibhaftige Ratsherren sind in den Blauen Nächten mit von der Partie gewesen. Einer von ihnen hat sich anlässlich eines Volksfestbesuches dienstlicher Art kurz vor Sonnenaufgang in dem Feuerwehrauto eines Kinderkarussells zur Ruhe gebettet und beim Erwachen nicht mehr genau gewusst, ob er ein Feuerwehrmännlein oder ein Feuerwehrweiblein ist. Kurze Zeit später hat ihm der Kinderkarussellinhaber aber eröffnet, er sei keines von beiden, sondern vielmehr ein bsuffns Woongscheidla sowie ein Drimmer Oorschluuch. Das waren halt performative Textinstallationen, da macht man sich heute keinen Begriff mehr davon!

Sehr schöne, in ihrer Schönheit fast wehmütige Erinnerungen durchfluten mich, wenn ich an einen an Bläue kaum mehr zu überbietenden Junggesellenabschied denke. Dieser Abschied im nicht mehr existierenden *Bratwurst-Sternle* in der Vorderen Sterngasse hat mit Sliwowitz und Tucher-Bieren begonnen und mit einer Vollbläue geendet, dass einer der Teilnehmer eine geraume Zeit der wahrscheinlich Blauesten aller Blauen Nürnberger Nächte in einer Außennische der Sebalduskirche verbracht hat. Zwei Polizisten haben ihn dann an Händen und Füßen ergriffen und ihn samt dem baldigen Bräutigam in die nahegelegene Wohnung des Hochzeiters verbracht. Auf dem Bauch des teils röchelnden, teils Kärwaliedla lallenden, horizontal transportierten Nischenschläfers hat der seinerzeit bei Junggesellenabschieden obligatorische Trauerlorbeerkranz geruht. Da sich der zukünftige Ehemann im Rahmen seiner blauen Umnachtung am Klingelschild angelehnt und mittels einem Komplett-Glockensturm alle Bewohner des Anwesens in der Theresienstraße aus dem Tiefschlaf geläutet hat, ist die Treppenhaus-Prozession, bestehend aus zwei Polizisten, einem Bräutigam, einer Sliwowitz-Leiche und einem Lorbeerkranz, von allen Mietern, begleitet von stehenden Ovationen, besichtigt worden. Partizipativ ohne Ende! Um ein Haar wäre auch die Eheschließung anderntags ins Wasser, respektive in den Sliwowitz gefallen. Trotz meiner Synapsen-Trübung sind mir die Namen der wirklichen Urheber der Blauen Nacht heute noch geläufig. Wenn man sie einmal kulturreferatlicherseits würdigen könnte, etwa im Rahmen einer performativen Textinstallation, würde ich das sehr begrüßen. Julia, broaden your horizon!

Der Club is a Depp

Was is'n jetzt wieder los in Mumbfl-City? Haben wir eine mittelfränkische Mendalidääd mit drei harte d im Wort oder nicht? So wie es momentan ausschaut, scheint's eher nicht: Freibier ohne Ende, Fröhlichkeit, Frenetik, Aufstiegsfeier! Völlig stadtworschd, was du einen einigermaßen eingeborenen Nürnberger gestern Nachmittag und schon die Tage davor gefragt hast, immer ist dir die Antwort ins Ohr gepeitscht worden: »Niiiie meeeehr zweite Liga, nie meeeehr, nie meeeehr!!!« Dir vollkommen unbekannte Menschen, teilweise sogar Menschinnen haben dich umarmt wie den verlorenen Sohn seinerzeit, da und dort ist dir das bereits erwähnte Freibier hinter den Hemdkragen geschnalzt worden, Sardinaweggla hat's geschneit und Freudentränen geregnet. Und da fragt sich natürlich momentan der ganz normale, herkömmliche Nürnberger Depp und Haupterwerbs-Bfobferer: Woher soll ich jetzt auf einmal eine vor Überschwang triefende Seele, eine Vollfreude, ein niiiie meeeehr endendes Zwerchfell-Hupfing nehmen, wenn es doch eigentlich unser Innenleben niemals nicht bewohnt hat? Gwiss vom Club?! Ausgerechnet vom 1. FC Nürnberg?! Also von jener Zerzabelshofer Vereinigung für Leibesübungen e. V., die uns in den letzten fast 50 Jahren den hierorts vielleicht auch einmal existierenden Frohsinn allwöchentlich mit mindestens 500 atü aus dem Gemüt geblasen hat, praktisch raustransplantiert, dass uns Hören und Sehen und Hebbern vergangen ist.

Nie mehr zweite Liga! Ja freilich – manchmal wären wir um eine zweite Liga heilfroh gewesen. Da sind wir Gimpel ein Jahr lang zum Beispiel nach Weismain,

Egelsbach, Neukirchen oder in ein gewisses Ditzingen gefahren zum Club-Glotzn. Auch die legendären Sehenswürdigkeiten wie etwa das Bierbank-Stadion von Bürstadt gleich hinter Hettelleitelheim oder so ähnlich haben wir besichtigen dürfen, Bananental, Bayreuth, Burghausen und viele andere schöne Kleinode, dass uns im Lauf der Zeit nicht nur das Lachen, sondern auch das Kilometergeld gestrichen worden ist.

Namhafte Pech- und Glückforscher haben unseren scheinbar unauslöschlichen Drang zur Selbstkasteiung, zum Flagellantentum einem irreparablen genetischen Defekt, einem Mutationssprung in der Schüssel irgendwann während der mittelfränkischen Evolution zugeschrieben. Aber weit gefehlt! Wir haben unseren Treffer ein halbes Jahrhundert lang von der größten Seelenprägeanstalt der Welt erhalten – vom albtraumreichen 1. FC Nürnberg. Zum Lachen, so hat damals ein ungeflügeltes Wort gelautet, zum Lachen geht der Nürnberger, wie auch der Fürther, in den Keller, zum Weinen aber ins Stadion.

Und Fußball? Keine Spur! Wir haben Heimspiele erleben dürfen seinerzeit, da haben Lastenhubschrauber über dem Stadion mehrere Tonnen Heu abgeworfen. Für die letzten Rimbfiecher, die immer noch zum Club gehen. Und eines dieser Rimbfiecher kenn ich sehr gut, sogar inwendig, es hat damals nicht ganz ungehalten fünf Wörter in sein inzwischen verblichenes *8-Uhr-Blatt* hineingeschrieben: Der Club is a Depp. Halt so, wie man es einem guten Freund bei nachweisbarer notorischer Ignoranz ins Ohr raunt. Simmer gwiss a weng a Debbala?

Und jetzt im Freudentaumel gschwind noch was ganz anderes. Gehen Sie einmal in Ihren onleinernen PC hinein und stanzen in die Tastatur die fragmentarischen

Zeichen »der Club is …«. Zack! taucht in der Abteilung Google schon der vollständige Satz auf »Der Club is a Depp«. Und von diesem kleinen Freundschaftsbeweis gibt es digital, halten S' Ihnen möglichst fest, gibt es 400 000 Einträge! Überall kommt dieser Satz vor, in neu- und altehrwürdigen Nachrichtenmagazinen, in Tageszeitungen von der *Augsburger Allgemeinen* bis nauf zur *Zerbster Volksstimme*, wahrscheins sogar in der *Waschingtoner Post*, im Fernseh, im Radio, auf T-Unterhemmerdn und Strickmützlein, Fäißbuck, Hasenbuck, Wodd Sepp und so weiter und so weiter. Jetzt hat dieser einstige Sumpf-Reporter infolge seiner damaligen Einstufung des 1. FC Nürnberg als Depp heutzutage, wo der Club ausnahmsweise einmal kein Depp ist, natürlich in sich eine fast unübersteigbare Hemmschwelle mit dem unablässigen Aufjauchzen des Club-Chorals »Niiiie meeeehr zweite Liga, niiiie meeeehr, niiiie meeeehr!«, einerseits. Andererseits könnte er ein gemachter Mann sein, hätte er sich damals, wie der Club in Weismain, Egelsbach oder Ditzingen mehr oder weniger Fußball gespielt hat, die fünf Worte »Der Club is a Depp« beim Deutschen Patent- und Markenamt schriftlich schützen lassen, eventuell mit der Maßgabe, im Fall der Wiederverwendung seien jeweils 5 Deutsche Mark (damals), beziehungsweise heute 2,50 Euro fällig. Unter Zuhilfenahme der Multiplikationsrechnung (400.000 x 2,50) ergäbe sich für den »Der Club is a Depp«-Schöpfer ein Vermögen von sage und abschreibe 1 Million Euro! Vom Literatur-Nobel-, Pulitzer-, Grimme-Preis, Bundeshöchstverdienstkreuz oder dem Goldenem Bambilein gar nicht zu reden. Aber: nix is, der Eintrag beim Patent- und Markenamt ist damals versäumt worden. Und eigentlich wollte ich nur fragen: Wer ist jetzt der bessere Depp: Der Club oder der erwähnte Sprücheklopfer? Ich tippe auf Letzteren. Und sollte Ihnen in den nächsten Jubeltagen und -wochen ein gramgebeugter, vom Leid vieler Jahrzehnte gezeichneter alter Mann in der Nürnberger Fußschlurcherzone über den Weg stolpern, der einigermaßen melodisch vor sich hin bfobfert »Niiiie meeehr dritte Liga, niiie meeeehr, niiiie mehr …«, werfen S' ihm ein Fuchzgerla in seine rotschwarze Strickmütze. Es ist der Depp, der 1 Million vergeigt hat und weiß, wovon er mumbflt.

Onkel Hans, der Kinderkleiderschinder

Neulich ist mir mein persönlicher Onkel Hans in meinem Emmentaler von Gedächtnis erschienen. Also jetzt nicht der Onkel Hans von der Tante Paula, seinerzeit wohnhaft am Rennweg. Obwohl, der wär auch eine ausführlichere Erörterung wert; schon allein deswegen, weil er früh nach drei Pris' Schnupftabak immer zur Tante Paula gesagt hat, er braucht jetzt ein Geld, weil er zum Einkaufen geht, sich aber nach Empfang des Geldes sogleich in den nahen Stadtpark zum Open-Air-Schafkopf'n begeben und das Einkaufsgeld verzockt hat.

Vom Kartlgeldhinterzieher Onkel Hans soll also jetzt nicht die Rede sein, sondern vielmehr vom Onkel Hans mit Gänsefüßchen, also »Onkel Hans«, in der Karolinenstraße, oder aber vom Eisen-Burkert, vom Sport-Riemke oder gar vom Feinkost-Engelbrecht. Sie alle wie auch der Koffer-Berner, der Radio-Pruy oder der Betten-Böhner, der Stempel-Pemsel, Gardinen-Möser, Schreibwaren-Mandel und so weiter und so weiter, sie alle haben in mir Gestalt angenommen, wie ich neulich einige bedenkliche Worte des fast weltberühmten deutschen Philosophen und Büchervollschreibers Richard David Precht gelesen hab. Und zwar hat der Professor Dr. Precht anlässlich der momentan schwer im Schwang befindlichen Debatte über seelische Heimaten, Söders Kreuzweh, Beschleunigung des digitalen Breitbandwurms und eine mir nicht näher bekannte Silikon-Wally (womöglich die Gespielin vom Nürnberger Diddlasbadscher?) Folgendes in den Raum und die Zeit gestellt: »Ich habe mich immer gewundert, wie leicht sich die Deutschen ihre Traditionen nehmen lassen ... wenn ich durch die Straßen gehe, zähle ich gern, wie viel qualifizierten Einzelhandel es gibt. Laden für Laden. Da ist fast nichts mehr übrig, fast alles globalisierte Ketten.« Ende des vollkommen unausgegorenen Zitats. Und jetzt wieder zum »Onkel Hans«, der in mir sofort eine Gänshaut erzeugt, weil er mit furchterregenden Erzeugnissen einen schwunghaften Handel betrieben hat: Kinderkleidung in Form von grauenhaften Spielhöschen, kratzender Unterwäsche, langen Knabenwollstrümpfen (mit Straps!) oder sogenannten Box'n, Lederhosen, die nach erster Ingebrauchnahme, zum Beispiel Durchwatung der Bengerz beim Wastl (Pegnitz in Höhe Sebastianspital), steinhart geworden und anschließend eingegangen sind wie die sprichwörtlichen Brimala (Primeln).

Großmütterlicher Terror hat damals nicht nur aus Drümmer Schelln oder der Teppichklopfer-Bastonade bestanden, sondern bisweilen auch aus der Androhung »Wasch di und kämmder die Hoorer! Mir gänger in die Stadt, gräigsd wos vom Onkel Hans.« Tausendmal lieber wäre ich mit dem anderen Onkel Hans in den Stadtpark zum Karteln gegangen, trotz der Tante Paula. Und dass es den Kinderkleiderschinder »Onkel Hans« seit vielen Jahrzehnten nicht mehr gibt, das soll jetzt laut dem Precht ein schlimmer Verlust von Heimat sein? Dass ich fei nicht kichere, Herr Philosoph! Das Gegenteil ist nämlich richtig. Als Ersatz für die Betten-Nagel und Uhren-Gebhardte und Spielwaren-Virniche und Kurzwaren-Buchholze und den Möbel-Prasser und die Juweliere Merklein oder Schott und die Metzgerei Schafft, Gebhardt & Kuhn, Wüst & Thaufelder und den ganzen Einzelhandelskrampf haben wir inzwischen soviel Heimat bei uns, dass wir es gar nicht in einem einzigen Leben derkaufen können.

Wenden wir uns nur einmal dem bereits erwähnten Eisen-Burkert zu, einstmals ebenfalls in der Karolinenstraße beheimatet. Dort hat dir der Herr Burkert höchstpersönlich oder einer seiner ungefähr zehn wandelnden grau ummantelten Mitarbeiter Schrauben aller Art, Muttern, Nägel, Kupferbleche, Nieten, Brecheisen, Hämmer, Beißzangen, Spaten, Schaufeln, Maurerskelln und Millionen anderer eisen- oder auch nicht eisenhaltiger Produkte nahezu ohne größeres Mumbfln ausgehändigt.

Jetzt aber Obacht: An Stelle des zum Alteisen abgewanderten Eisen-Burkerts haben wir den *OBI*, den *Hornbach*, *Bauhaus*, *BayWa*, *Baustoff-Union*, in jedem Stadtviertel mindestens fünf Schwarzarbeiterzubehör-Tandler. Und nicht nur in jedem Stadtviertel! Denn, Reisender, kommst du zum Beispiel nach Österreich, Italien, Polen, Ungarn, Russland, in die Schweiz, Slowakei, wenn's unbedingt sein muss in die USA, nach China, Australien, Spanien, Holland, Frankreich, in die Türkei, nach Irland oder Portugal – planetenweit prickelt es doch vor lauter Heimatgefühl im Bauch, denn allüberall sind sie mit ihren sauber uniformierten Brach- und Bruchbuden schon da: die uns an Herz und Hosenarsch gewachsenen *United Colors of Benetton*, *Hornbach*, *OBI*, *Bauhaus*, *BayWa*, *Lidl*, *Aldi*, *Netto*, *Gerry Weber*, *adidas*, *Jack Jones*, *Palmers* Unterhuusn and more, *Humanic*, *René Lezard*, *Müller Markt*, *Starbuck's*, von *McDonald's* Gummiweggla-Manufucktur ganz zu schweigen. Und hoffentlich geht die Konfektionierung unserer Gemeinwesen so zügig weiter, dass wir möglichst in baldiger Bälde weltweit, und wenn's irgendwie geht, auch hinterm Mond Städte haben, die sich wie ein faules Gaggerla dem andern gleichen.

Ganz worschd, wo wir dann künftig aus dem Flieger raus in die nächste schöne neue Welt taumeln – immer werden wir meinen, wir sind in Nürnberg gelandet. Und den merkwürdigsten aller Nürnberger Werbesprüche seit Menschengedenken, der da bekanntlich lautet »Mehr Nürnberg finden Sie nirgendwo«, kann man, lediglich mit einer kleinen Abänderung, beibehalten: Mehr Nürnberg finden Sie überall. Oder um es reumütig in Gedichtform niederzuschreiben: Der Philosoph Precht hat wahrscheins recht.

Das christliche Kerbholz

Wo die mutmaßlich sandsteinalten, innernürnbergischen Schimpfwörter Doldi, Driefala oder Heichdala herstammen, wissen weder der Konrad Duden noch der Dr. Herbert Maas. Wissenschaftlich gesichert ist nur, dass es sie gibt, die Doldi, Driefala und Heichdala, und zwar in reichem Maß. Erst jetzt wieder, wie unser oberster Nürnberger Evangelist Markus II. einerseits den insgesamt zwei Päpsten im Vatikan eine Audienz gewährt hat und andererseits, gleichen Tags, sein Kreuzerlass für freistaatliche Amtsstuben in die Tat umgesetzt werden hat sollen müssen dürfen. Und noch vor der feierlichen Einnagelung der jeweiligen Kreuzhalterungen sind allenthalben und vor allem in Nürnberg jene Doldi, Driefala und Heichdala mit dem ihnen ureigenen Gschmarri & Gwaaf, teilweise sogar öffentlich, in Kraft getreten. Dergestalt, dass dem Markus seine Anordnung eine scheinheilige Angelegenheit sei, ein zum Himmel schreiender Grambf und Wahldampf sowie eine gröbliche Ausgrenzung aller jener Amtsstubenbegeher, deren religiöses Symbol mitnichten ein Kruzifix bildet, sondern, was weiß ich, vielleicht ein rechtwinkliges Dreieck, eine Sonne, ein Halbmond, ein Ostergaggala oder ein Goldbarren.

Diese Vorwürfe sind haltlos bis dorthinaus und, um es noch einmal zu wiederholen, doldi-, driefala- und heichdalahaft. Denn grundsätzlich muss man zu jedweden Gedankengängen vom Markus wissen, dass er sie nur dann verbal äußert, wenn es gar nicht mehr anders geht. Meistens aber denkt er sehr lange nach und sagt anschließend am liebsten überhaupt nix.

Hätte man ihm neulich, bei der von zahlreichen Pressefotografen besuchten Heiltumsweisung in der Freistaatskanzlei, genügend Zeit gegeben, die in ihm unablässig rumorenden Gedanken nach einigen Tagen Bedenkzeit in Worte zu fassen, so hätten wir sinngemäß Folgendes erfahren: In diesem nunmehr für immer und ewig hingenagelten Zeichen des Kreuzes sind, wie wir alle wissen respektive glauben, sehr wohltuende Vorgänge passiert, aber auch weniger wohltuende. Den weniger wohltuenden Vorgängen sind die Kreuzzüge zuzurechnen, die Massakrierungen Andersgläubiger, ob in millionen- oder milliardenhafter Anzahl weiß man nicht genau; weiters hätten wir dann noch die Hexenverbrennungen, Folterungen, Hinrichtungen, Seelenquälungen im Rahmen der Inquisition, die Einführung der Todsünde und die definitive Verheißung auf ein ewigliches Fegefeuer, nicht zu vergessen die Hassprediger der Reformation, der Gegenreformation, mündend in sehr viele Scheiterhaufen und in den Dreißigjährigen Krieg, dessen Beginn sich heuer zum vierhundertsten Mal jährt.

All das hätte der Markus ganz bestimmt gesagt und mit einem deutlichen Hinweis auf seine Heimatstadt vielleicht noch hinzugefügt, dass in Nürnberg im Zeichen des Kreuzes unter anderem die ungefähr fünfhundert jüdischen Bewohner des damals noch nicht erfundenen Christkindlesmarktes zum Stadtrand hinausgeprügelt und dort am ebenfalls noch nicht erfundenen Maxfeld verbrannt worden sind. Etwa so, wie es etwa 200 Jahre später ein Martin Luther, im Zeichen des rechtgläubigen Kreuzes, in einer seiner vielen christlichen Schriften erneut vorgeschlagen hat. Und natürlich auch im Zeichen des Kreuzes hat der vollkommen christliche Nürnberger Magistrat sodann auf dem höchstwahrscheinlich durch eine göttliche Fügung freigeräumten Platz die Frauenkirche errichten lassen.

Ich weiß ganz genau, dass der Markus davon eine Kenntnis hat und es infolgedessen bestimmt erwähnt hätte, wäre es ihm rein zeitlich ausgegangen. Und dann hätte er ganz sicher noch das Wichtigste überhaupt angemerkt, nämlich dass das Schaukreuz, das er in der Staatskanzlei hingehängt hat, zwar ein Kreuz ist, aber eigentlich ein Symbol für ein überkreuz gelegtes christliches Kerbholz darstellt, in das die unzähligen christlichen Schulden der Reihe nach sauber und hoffentlich unvergesslich eingekerbt sind. Zu dem Zweck, dass wir sie nicht wiederholen und uns nicht noch einmal zweitausend Jahre lang am eigentlichen Sinn des Kreuzes versündigen.

Und am Ende seiner aus Gründen des erwähnten Zeitmangels und wahrscheinlich auch einer Überdosis Scham nicht gehaltenen Rede hätte der Markus ohne Zweifel uns noch einmal in Erinnerung gerufen, falls wir es vergessen hätten, dass damals ein Herr Jesus Christus an dieses Kreuz genagelt worden ist. Also jener Herr Jesus Christus, der ähnlich wie sein Markus auch immer lang nachgedacht, dann aber oft doch was gesagt hat. Sätze wie »Selig die Barmherzigen, denn sie werden ins Himmelreich kommen«, »Selig sind die, die verfolgt werden um der Gerechtigkeit willen …«, »Selig, die Frieden stiften« oder »Selig seid ihr, wenn man euch schmäht und verfolgt …«. Sollte er es nicht gesagt haben, ist es immerhin sehr gut ersonnen.

Das alles und noch viel mehr hätte der Markus ganz bestimmt noch sagen wollen. Aber wenn'sd vor lauter Twittern aus Rom nicht mehr zum Reden kommst, was willst dann machen?

Und wer's nicht glaubt, dass dem Markus sein Massenkreuz-Erlass als Mahnmal für Mitmenschlichkeit und als christliches Kerbholz gemeint ist, der braucht ihn nur zu fragen. Er wird es ihm dann gern bestätigen, sodass man in dem Fall demnächst im September sein Kreuzla am Stimmzettel ohne weiteres und guten Gewissens bei der CSU hinmalen kann. Und danach beten: Komm, Herr Jesus, sei unser Gast und segne, was du uns bescheret hast.

Buchsbaum ade, der Zünsler tut weh

Hat wer in letzter Zeit einen halbwegs schön modellierten Buchsbaum gesehen, sei es in Kugelform, elliptisch, zipfelmützenartig? Oder eine dem germanischen Himmel zustrebende Eiche? Wenn ja, dann muss er von akutem Fata Morganaismus befallen sein oder sonst einer optischen Volltäuschung, hervorgerufen vielleicht durch den zu hastigen Genuss von zwölf Hefeweizen. Denn seit einigen Tagen wird man eventuell aller möglichen Pflanzen ansichtig, wie etwa der Hochgeschwindigkeits-Quecke (Elymus repens), der Vogelmiere (Stellaria media) oder des sich in Sekundenquadratkilometern ausbreitenden Giersch (Aegopodium podagraria) aus der Familie der Doldiblütler – aber niemals nicht mehr werden uns am Wegesrand kunstvoll geschnippelte Buchsbäumlein grüßen, und auch die einst dem Wodan – mit hartem »d« – geweihte Eiche hat, wie der Nürnberger zu sagen pflegt, ihrn letzten Schieß brunst.

Und zwar Folgendes: Seit Jahren geht ja der Trend zum Nebenerwerbs-Erdbeerzupfer, zum Klein- und Strebergärtner, aber von deren zahlreichen Latifundien in Schnepfenreuth, Sündersbühl, Schoppers-, Klingen- und Schafhof, Zabo und so weiter raunt es derzeit hinter den weitgehend dahingerafften Buchsbaumverschnörkelungen dumpf und tränenerstickten Volksmundes: »Der Zünsler kummd, der Zünsler kummd, der Zünsler kummd.« Desgleichen der Prozessionsspinner.

Buchsbaumzünsler und Eichenprozessionsspinner, so schön ihre dereinst ersonnenen Bezeichnungen dem studierten Onomastiker auch im Ohr erklingen mögen, verwüsten derzeit von Bislohe bis nunter nach Babbnheim (mit drei harte »b«) Stadt, Land und Gartenlust. Bill- und Trilliarden marodierender Würmlinge fressen unser einstiges grünes Paradies kahl, werden dann dick und fett und schwabblerd, entschlüpfen schließlich den Abflugschneisen unserer dahingenagten Buchsbäume und flattern sodann als Schmetterling auf und davon, wie wenn nix wär, um kurze Zeit später schon wieder ihre zahlreichen Arschgranaten in Form von Eiern in den noch verbliebenen Restbuchsbaum- und Eichenbeständen abzubrozzen.

Und es sind ja nicht nur Zünsler und Prozessionsspinner, die uns gramgebeugt durch unseren endgültig verlorenen Kleingarten Eden schleichen lassen. Ich sage nur: Dickmaulrüssler, gefleckte Apfelwicklermade, Johannisbeerblasenlaus, kleiner Frostspanner, Gallmilbe, Möhren-, Zwiebel- und Fruchtfliege, Tigerschnegel, spanische Nacktwegeschnecke, Gespinstmotte, Wasserradz, Wildschwein, Problemwolf, weißgraues Flechtenbärchen, Schlehenbürstenspinner, von der Breitflügeligen Bandeule (Noctua comes), vom Wolfsmilchringelspinner (Malacosoma castrense) oder vom Goldafter (Euproctis chrysorrhoea) gar nicht zu reden. Kurz: Es herrscht Horror im Hortus. Und wenn wer nicht perfectissime und fluently Latein und Altgriechisch spricht, der weiß ja zunächst gar nicht, was in seinem Garten alles kreucht und fleucht und seucht. Auch die höchstwahrscheinlich einigermaßen deutschen Worte Zünsler und Prozessionsspinner sind schwer verständlich und etymologisch nahezu unergründlich. Erst wenn auf einmal Millionen Hektare Eichen vom Prozessionsspinner gefällt zammkrachen und am Zaun das von gierigen Zünslerzähnen abgekiefte Buchsbaumgerippe im Wind klappert, wissen wir Bescheid, sind aber, was beim Menschen, der Krone der Schöpfung, selten vorkommt, hilf- und machtlos.

Heerscharen von Klein- und Großgärtnern irren in ihrer Eigenschaft als Raupenschlepper von Buchsbaumleiche zu Buchsbaumleiche, verpulvern wohltuende Gifte, greifen zum persönlichen C-Rohr und sprinkeln abwasserwerferartig nei in ihre einstigen Kunstwerke in der festen Überzeugung, der Zünsler wisse nicht im Entferntesten, was ein Seepferdchen ist, und könne infolgedessen nicht schwimmen. Aber weit gefehlt.

Wieder andere erzeugen Feuersbrünste unter furchterregendem Absingen der Johanni-Hymne »Flamme empor, Zünsler zieh Leine!«, aber der Wärme und deutsches Sonnwendfeuerliedgut über alles schätzende Buchsbaumzünsler zünselt munter weiter. Auch Kärcher, Laubsauger und Molotow-Cocktail ficht den Zünsler in keiner Weise an. Höchstens scheißt er uns was. Und jetzt ist für uns Kleingärtner natürlich guter Rat teuer. Aber so teuer, wie vielleicht mancher zünslergeschädigte Buchsbaumskelettinhaber befürchten mag, auch wieder nicht. Wahrscheinlich kostet die Beseitigung des Prozessionsspinner- und Zünslerproblems nur ca. 50 Millionen Euro. Diese Summe errechnet sich daraus, dass der Zünsler ja einen Migrationshintergrund hat, nämlich China. Beim Eichenprozessionsspinner weiß man es nicht genau, gesichert ist nur, dass sein naher Verwandter, der Zedernprozessionsspinner, seit Menschengedenken in Marokko, Tunesien und Algerien tätig ist. China, Marokko, Tunesien, Algerien – wer ist also zuständig? Genau, das Nürnberger Mamf oder Bamf oder Gramf oder wie die Bunte Anstalt in der Frankenstraße auch heißen mag. Und für das Mamf, Bamf oder Gramf übt das namhafte Leutnausschmeißer-Unternehmen McKinsey eine beratende Tätigkeit aus, die bisher ungefähr 50 Millionen Euro gekostet hat. Das hat Stil, und zwar

Pappenstiel. Und im Rahmen dieser sehr günstigen Beratertätigkeit wird die Firma McKinsey dem Mamf, Bamf oder Gramf raten, sämtliche Prozessionsspinner und Zünsler auf die Straße zu setzen, wo wir sie dann im Rahmen der Menschlichkeit und unserer abendländischen Leidkultur frohgemut überfahren können. Dann hat es sich ausgezünselt.

Wanderweg der Menschenrechte

Indem momentan ein kalter Wind weht durchs Land wie auch durch die Stadt, dass es einen, so man keine Hornhaut auf der Seele hat, frösteln möchte, herrscht, wenn auch sonst nix G'scheits, ein schönes Wanderwetter. Nicht wenige Menschen und Menschinnen erwägen sogar, ob obiges Fröstelwetter statt zum Wandern vielleicht auch zum Auswandern geeignet wäre. Erhebt sich nur die Frage: Wohin? Aber zurück zum Wandern.

Nur einmal angenommen, ich wär in dieser unserer sowieso pittoresken Stadt so eine Art Nebenerwerbswanderwart, freier Mitarbeiter vielleicht bei der hiesigen, bekanntlich sehr emsigen Touristenmassen-Vermehrungszentrale, und ich müsste für einen verhältnismäßig berühmt bestückten europäischen und transatlantischen Kegelverein eine Tour ausarbeiten, nicht zu lang, keine Steigungen, betreffs Durst einigermaßen oasenhaltig, personennahverkehrsmäßig günstig gelegen, schwierigkeitsgradmäßig unbedenklich. Und nähmen wir weiterhin an, der leider nicht gänzlich fiktive Kegelverein, im Werfen von Kegeln in letzter Zeit überaus zielstrebig und womöglich demnächst auch erfolgreich, bestünde wie die meisten Kegelklubs aus Herren, und zwar aus den Herren Kaczynski, Conte, Zeman, Erdoğan, Dobrindt, Orban, Söder, Kurz, Seehofer sowie Klub-Präsident D. Trump. Was das »D.« vor Trump bedeutet, Depp, Doldi, Driefala, Dolleroggl oder Donald, ist Interpretationssache.

Angenommen also, es erreichte mich der expressgetwitterte Wunsch um Ausarbeitung eines Wanderkurses, böte sich da natürlich zuallererst ein Ausflug in die Fränkische Schweiz an, ins liebliche Pottenstein, mit

Besuch der Teufelshöhle. Da der Mensch aber wie auch der politische Mensch, heißt es, ein denkendes Wesen darstellt, ist mir für den Ausflug jener möglicherweise ebenfalls denkenden Herrschaften eine bessere Exkursion eingefallen, nämlich fast mitten in Nürnberg, in der Lorenzer Altstadt, die ca. einhundertsiebzig Meter lange Kartäusergasse.

Einhundertsiebzig Meter hin, einhundertsiebzig Meter wieder zurück, ergeben eine Gesamtwegstrecke von dreihundertvierzig Metern, was mir gang- und machbar erschiene. Zudem bietet diese Kartäusergasse eine einwandfreie, ausschließlich waagrecht angebrachte Trostbepflasterung, auf der unter Umständen auch die 25 Meter lange Dienstlimousine vom D. Trump vollkommen strafzollfrei verkehren könnte, falls er lieber doch nicht watscheln möchte. Auf mittlerer Höhe des Kartäuser-Wanderwegs befindet sich darüber hinaus im Inneren des Germanischen Internationalmuseums ein wunderbares Kaffeehaus, in dem neben Kaffee auch schmackhafte Mahlzeiten, Häppchen, weiße und rote Weine sowie Prosecco serviert werden. Für Großkopferte auf Wunsch auch kostenlos. Einen besseren Wanderweg als den Kartäuserpfad findest du also weltweit kaum mehr.

Allerdings – das muss einschränkend unbedingt erwähnt werden – weist der Kurs zwischen Dr.-Kurt-Schumacher-Straße und unserem weltberühmten Obbernhaus auch nicht ganz ungravierende Hindernisse, um nicht zu sagen Stolper- beziehungsweise Hinhudzfallen für den jeweiligen Kopf auf; aber nur für den Fall, dass der Kopf eine dann und wann einschaltbare Denk-Apparatur, gemeinhin auch Hirn genannt, enthält. Und zwar befinden sich in Längsrichtung der Kartäusergasse siebenundzwan-

zig, rein äußerlich dem einen oder anderen Kopf nicht
ganz unähnliche Vollpfosten: siebenundzwanzig Denk-
male in Form von Säulen. Die für manchen Kopf scheint's
schlimme, furchterregende Falle bilden aber nicht die Säulen an sich, sondern vielmehr deren – zu allem Überfluss
auch noch gut lesbare – Inschriften, nämlich die angeblich
gültigen Menschenrechte.

Die gesamte Stolper- und Hinhudzfalle hat heuer
25-jähriges Jubiläum, im Jahr 1993 ist sie, nach einer
Initiative des damaligen Nürnberger Oberbürgermeisters Peter Schönlein, von ihrem Erbauer Dani Karavan
feierlich eingeweiht und inzwischen von dem erwähnten
Kegelklub offenbar wieder vergessen worden. Eine Wan-
derung durch die Kartäusergasse würde jenen erlauch-
ten Honorabilitäten und Menschenkeglern also eventuell
wieder einmal auf die Sprünge helfen. So heißt es dort
unter anderem: Alle Menschen sind frei und gleich an
Würde und Rechten geboren. Dass sie unfrei, würdelos,
elend und weit vor der Zeit, zum Beispiel als Kinder, im
Mittelmeer ertrinken sollen, steht auf keiner der Säulen.
Vielmehr ist zu lesen, alle Menschen dieser immer seltsamer werdenden Welt hätten ein unabdingbares Recht auf
Asyl im Fall der Verfolgung, einen Anspruch auf Schutz
des Privatlebens, auf Anerkennung als Rechtsperson an
allen Orten der Welt, auf Gedanken-, Gewissens- und
Religionsfreiheit und, siehe Säule Nummer zweiund-
zwanzig, einen Anspruch auf die für die Würde und
freie Entfaltung der Persönlichkeit unentbehrlichen wirt-
schaftlichen, sozialen und kulturellen Rechte. Die siebenundzwanzig Säulengebote in der Kartäusergasse ließen
sich zur besseren Übersichtlichkeit vielleicht in zwei auch
dem Christentum innewohnenden Begriffen zusammen-
fassen: Nächstenliebe und Barmherzigkeit. Ankerzent-

rum, gut kontrollierbare außereuropäische Flüchtlings-
lager, schwer bewaffnete Menschenscheuchen an den
Grenzen unseres Ego-Landes, Abstrafverfolgung einer
amtierenden Kanzlerin wegen Humanität in Tateinheit
mit Empathie, Erstellung eines streng geheim zu hal-
tenden Master- oder Desaster-Plans, Landtagswahlpro-
paganda, vorsätzliche Unterstützung einer sogenannten
AfD, Thesen wie »Ämericä *first*«, »Bayern *first*« oder »Ich
bin klein, mein Herz ist rein, soll niemand drin wohnen
als ich allein« – nichts davon ist in der Kartäusergasse
zu lesen. Der Wandertag unseres Kegelvereins wäre also
womöglich für Millionen und Abermillionen Menschen
ein Segen, aber ich fürchte, er fällt aus. Wegen Selbstsucht
first und Mitgefühl *last*.

Gans großer Beschiss

Jetzt nur einmal gesetzt den Fall, es tritt was ein, was nach momentaner Lage der Hirne höchstwahrscheinlich nicht eintreten wird – nämlich dass unsere warum auch immer gewählten freistaatlichen Vollhorste, Grawallschachteln, Schmutzeleienfinken und apokalyptischen Streiter Hals über Hohlkopf ihren Intrigantenstadl schließen und es herrschte dadurch neben einem Frieden auf Heimaterden noch was ganz extrem Exotisches, und zwar eine mit Humanität gepaarte Vernunft. Dann, so müsste man befürchten, dann würde es den Hauptdarstellern des inzwischen fast ein Jahr währenden unchristlich asozialen Kaschberlatheaters vermutlich ein bisschen langweilig. Was sollen sie den ganzen Tag lang machen, wenn sie außer Lüftlblasenmalerei, Schmutzfinkeln, Fallenstellen und märchenhaftem Zurücktreten scheint's nicht viel mehr können? Aber keine Angst, für den wenn auch sehr unwahrscheinlichen und dann ganz sicher bald vorübergehenden Fall der Ruhestiftung und der christlichen Mitmenschlichkeit hätt ich als Übergangslösung was sehr Schönes: die original Nürnberger Kanadagans.

Wie ihr Name Kanadagans schon andeutet, hat sie einen Migrationshintergrund. Und weil ihr dieses Kainsmal auf dem zerzausten Gefieder offenbar nicht langt, gesellen sich bei der Kanadagans noch einige schwerwiegende, vorsätzliche Zuwiderhandlungen gegen eine Aufenthaltsgenehmigung hinzu: unerlaubte Zusammenrottung am Wöhrder See, Nachzug von Familienangehörigen in Form bereits befruchteter Eier, Verhöhnung der hiesigen Obrigkeit, Verscheißerung des dort vom Ministerpräsidenten persönlich angehäuften Sandstrandes, Trübung der bei

17 Grad Wassertemperatur (über Null) eigentlich zum Baden gedachten Fluten, Störung der Wöhrder Nachtruhe infolge unablässigen Schnatterns deutlich über 75 Dezibel. Und da fragt sich der Nürnberger Bürgermeister Vogel natürlich mit Recht: Was hat die Kanadagans an den Gestaden unseres Wöhrder Sees verloren? Außer ein paar Federn natürlich nix! Und warum ist sie dann da?

Letztere Frage ist leicht zu beantworten – diese blöden und noch dazu extrem abbrodzfrechen Viecher sind seinerzeit gegen Ende des 19. Jahrhunderts mutwillig eingewandert worden, erst nach England und danach auf den europäischen Kontinent, zu dem ja auch Bayern gehört, trotz gegenteiliger Bemühungen der erwähnten Grawallschachteln. Also eingewandert worden vom mutmaßlich klügsten Lebewesen auf Erden, vom Menschen persönlich.

Er, der Mensch, hat sie damals von Kanada zu uns rüber transferiert, damit sie eine die Augen entzückende Schönheit für unsere Parkanlagen mit ihren künstlichen, leider noch ungetrübten Wässerchen, Weihern und höchstens von Kaulquappen bevölkerten Pfützen bilden. Warum dem die Kanadagans importierenden Menschen damals nicht das Geringste davon geschwant hat, dass die Stadt Nürnberg sich dereinst einmal einen Wöhrder See mit möglichst unbeschissenem Badestrand schürfen will samt einer bazillenfreien Norikus-Bucht, entzieht sich meiner Kenntnis. Vielleicht hätte man es bei dem weltweit bekannten Birnen- und Erfindergeist von uns Nürnbergern ahnen können.

Sei es wie es sei, durch die endgültige Heimholung des kanadischen Stinkbombengeschwaders sind damals 2.000 Gänse in Europa gelandet. Keine hundert Jahre später waren es 40.000. Also die Viecher vögeln, beziehungsweise gänseln auch noch, wie es ihnen beliebt! Ein Asyltourismus schlimmsten Ausmaßes! Wie viele jener fliegenden, integrationsunwilligen Luststrolche derzeit den Wöhrder See unter Beschiss genommen haben, ist den Behörden nicht ganz genau bekannt. Amtlicherseits hat man aber ermittelt, dass sie unsere Graubraune Lagune wahrscheinlich in Bälde zur höchsten Erhebung Frankens aufhäufeln: Jede von uns stets gut gefütterte Gans pfeffert pro Tag zwei Kilo Scheißdreeg auf unsere Wöhrder Copacabana! Ihre demnächstige Umbenennung in Copa Kaba scheint unausweichlich, da der Bürgermeister Vogel trotz seines einschlägigen Nachnamens nicht mehr ein noch aus weiß. Momentan neigt er zum »aus« und erwägt, dass man die Kanadagänse strandrechtlich erschießt.

Derzeit befinden sich einige Kilo Hinternlassenschaften der scheißwütigen Kanadagans-Popolation allen Ernstes im Labor, wo sie wahrscheinlich nicht nur sorgfältig vermessen und gewogen, sondern auch auf ihre Verträglichkeit für Kaltwasserschwimmer untersucht werden. Ob es anschließend zu den erwähnten mittelfränkischen Jagdszenen kommt, zu Vertreibungen des Ungefieders durch gutes Zureden und inständige Bitten seitens des Bürgermeisteramtes (wodurch das schöne Wort Kotau einen ganz neuen Inhalt erführe) oder, wie bei ähnlicher Katastrophenlage im Fränkischen Seenland, durch anhaltendes Händeklatschen der Anrainer, bleibt abzuwarten.

Aber wieder zurück zu unseren bayerischen Stammesfürsten. Sollten sie tatsächlich, wie eingangs erhofft, ihren dreihunderttägigen Krieg gegen Vernunft und Mitmenschlichkeit zugunsten eines möglichst hermetischen Waffelstillstandes beenden und dann nicht mehr wissen, wie sie die Zeit oder wen totschlagen sollen – dann einfach ihre sägensreiche Tätigkeit auf die Gänseproblematik übertragen: sofortige Gründung einer Gänse-Bamf, auch Gramf genannt, gründen, Anker- und Transferzentren für fliegende Flüchtlinge aller Art und schließlich sofortige Rekrutierung einer übergeordneten Task-Force, welche mit der Task, also Aufgabe, betraut ist, die jeweiligen Force der Kanadagans auf etwaige Feststoffe zu untersuchen, möglichst noch bevor die Inhalte der Force auf unseren Sandstrand herniederprasseln. Insgesamt kann man die Bemühungen um den Im- und Export von Kanadagänsen mit dem altböhmischen Aphorismus darstellen, der da lautet: Das Tier ist g'scheit und stellt sich nur dumm, beim Mensch ist es umgekehrt.

Die Antwort, mein Freund, weiß ganz allein der Sackkiefler

Womöglich verbringt kein einziger Nürnberger, geschweige denn Nürnbergerin demnächst einen Urlaub in Abchasien. Schon allein aus dem Grund, weil uns die einigermaßen autonome Republik namens Abchasien weitgehend unbekannt ist. Desgleichen die dort in den Ausläufern des Kaukasus befindliche Woronja-Kalksteinhöhle, in der neben sehr viel Kalkstein auch – Obacht edzerd! – der Springschwanz beheimatet ist, ein zur Klasse der Sackkiefler gehörendes, ca. 0,1 Millimeter großes Tier. Aussehensmäßig eine Mischung aus Tausendfüßler, Kellerassel und Ohrenhöhlerer, nur halt deutlich kleiner. Ich erwähne den springschwänzigen Sackkiefler nicht nur wegen seiner sehr schönen Gattungsbezeichnung, sondern auch und vor allem wegen des von ihm vor Jahrmillionen aufgesuchten Habitats; nämlich wohnt er in jener Woronja-Höhle und zwar in einer Tiefe von sage und schreibe 2.191 Meter unter der Erdoberfläche! Tiefenweltrekord aller Lebewesen!

Und nur er, der sackkieflerige Springschwanz oder springschwänzige Sackkiefler, könnte aufgrund seiner immensen Tiefgründigkeit den Aufenthaltsort einiger Nürnberger Sachverhalte ermitteln. Sachverhalte, Vorhaben, uns einstmals mündlich zugeraunte Erzählungen, welche im Verlauf von Jahren oder auch Jahrzehnten versickert sind. Versickert wohin? Das weiß wahrscheinlich nur der springschwänzige Sackkiefler. Die Verschönerung des Nürnberger Hauptmarktes etwa, in die Tiefen der Erdkruste versickert! Das uns von einem gewissen M. Söder fest versprochene Kaffeehäuschen auf der

Nürnberger Kaiserburg, versickert, tiefer als der Tiefe Brunnen! Die Begehbarkeit der kleinen Grünanlage nebst Beethoven-Denkmal am Neutorgraben, versickert! Oder wohin ist der vor Jahrzehnten einstimmig beschlossene sogenannte Bannwald verschwunden? Versickert unter Hunderttausenden von Quadratmetern soundsovielspuriger Autobahnen und dort vielleicht schon komplett verkohlt? Und auch die Pläne um Herrn Adolf Hitlers majestätische Bruchbude mit dem stolzen Namen Zeppelintribüne? Die vor Jahren erbittert geführte Diskussion, ob man das ursprünglich für die Ewigkeit ersonnene Granitsteingraffl hinterm Dutzendteich für die im Grund genommen lächerliche Summe von 75 Millionen Euro wieder ein bisschen aufmörteln oder aber gegen eine Gebühr von 0 Euro gar zammgrachn lassen soll – unter scheint's porösen Aktendeckeln im Rathaus versickert.

Allerdings ist der in erster Linie botanisch hochinteressante Reichssteinbruch (beträchtliches Vorkommen von Schafgarbe, Beifuß, Sauerampfer, Quecke, Schachtelhalm, Taubnessel, Giersch, Vogelmiere und Neonazisse) neulich amtlicherseits wieder ins Gespräch gekommen, da derzeit noch unbekannte Sinnspruchsprüher auf den Wackelwänden gut sichtbare und für manche offenbar sehr befremdliche Forderungen angebracht haben. Die eine in gut sichtbaren schwarzen Großbuchstaben aufgemalte Inschrift lautet »Nie wieder Krieg«, die andere »Nie wieder NSU«. Und in beiden Fällen kann der besorgte Nürnberger endlich einmal aufatmen, derartig gravierende Untaten versickern in Nürnberg nicht. Ist klar, wo kämen wir da hin, wenn, wie am Adolf-Hitler-Gedächtnisschutthaufen gefordert, nie wieder ein Krieg stattfinden würde?! Verluste von Arbeitsplätzen in der Rüstungsindustrie, Milliarden, Billiarden in den Sand gesetzt, Raketen- und Bombenverrostungen ungeahnten Ausmaßes, Defizite im weltweiten Bestattungswesen und so weiter und so weiter wären die furchtbaren Folgen.

»Nie wieder Krieg« – ein Satz also, der ähnlich blöd, einfältig und kurzsichtig daherkommt wie meinetwegen der Artikel 26 des Grundgesetzes: »Handlungen, die geeignet sind und in der Absicht vorgenommen werden, das friedliche Zusammenleben der Völker zu stören, insbesondere die Führung eines Angriffskrieges vorzubereiten, sind verfassungswidrig. Sie sind unter Strafe zu stellen.«

Folgerichtig hat das hiesige Versickerungsamt in Gestalt von SÖR eindeutig und verhältnismäßig schnell reagiert. Ebenso im Fall des Satzes »Nie wieder NSU«, nachdem geklärt war, dass mit NSU nicht die einstige, auch am Norisring früher umeinanderknatternde Neckarsulmer Auto- und Motorradmarke, sondern der Nationalsozialistische Untergrund gemeint war. Beide Menetekel, hat SÖR (Servicebetriebe Öffentliches Rubbeln) sogleich wissen lassen, werden »in der kommenden Woche beseitigt«. Und gegen die oder den Schreiber ermittelt die Polizei. Wahrscheinlich wegen schwerer Anstiftung zum Frieden und anderer schlimmer Straftaten.

Im Rahmen meiner täglichen Untersuchungen hab ich jetzt aber auch gestern feststellen müssen, dass die beiden subversiven Schriften gegen einen grundsätzlich doch sehr schönen, wohltuenden, einträglichen Krieg und gegen einen nicht minder schönen Nationalsozialistischen Untergrund immer noch gut lesbar am Hitler seiner Mülldepponie (mit zwei harte »p«) prangen. Obwohl die vom SÖR angekündigte »kommende Woche« inzwischen bereits vorbei ist. Zum Wohl vom SÖR nehm ich jetzt einmal an, die Ankündigung »Beseitigung der Schrift in der kommenden Woche« ist so gemeint wie die berühmte Schrifttafel im Wirtshaus »Morgen Freibier«. Sollte der SÖR entgegen meiner Hoffnung die sauber gesetzten Buchstaben aber allen Ernstes doch löschen wollen, dann Obacht, gell! Nicht dass beim Abkratzen der Schrift die ganze Hitler-Ruine zammgrachd und dadurch der NSU und die ihm angeschlossenen Klein- und Großhirnamputierten keine Wallfahrtsstätte mehr hätten. Und wir den springschwänzigen Sackkiefler in Abchasien nicht fragen dürften, ob er in 2.191 Metern Tiefe was weiß, wo die Pläne mit der Nazi-Tribüne hingesickert sind.

Meistens ist es von großem Vorteil, wenn man als ziemlich herkömmlicher Mensch durch sein dürftiges Leben stolpert und um einen rum nicht die Aura wabert von einem Fibb, Brommi oder Bimbalawichdich. Weil nur einmal angenommen, du schlenderst in deiner Eigenschaft als weit über die Grenzen von Muggenhof hinaus weltberühmter Gniedleinskubf des Abends aus Versehen an der Frauentormauer, Höhe Ottostraße entlang – Bums! Schon stehst eine Viertelstunde später in voller Länge als stieläugiger Rotlicht-Rambo im Fäißbuck drin. Die Folge: Verheerender Dünnpfiff, fachlicherseits auch Shitstorm genannt. Das ist schon leibhaftigen Ministerpräsidenten passiert, zwar nicht in Nürnberg, aber in Neujorg.

Also Obacht und am besten volle Zurückhaltung beim Berühmtwerden! Mit einer einzigen Ausnahme: Bayreuth! Ich bin ein großer, beziehungsweise sehr kleiner Verehrer vom Wagners Ridschi und möchte bayreuthbezüglich wenigstens einmal im Jahr auch ein Voll-Brommi sein, infolgedessen bereits Ende April zwei güldene Eintrittskarten im Wert ungefähr eines schönen Gebrauchtwagens, aber halt vollkommen umeinsunsd erhalten. Und dann wäre ich vor ein paar Tagen aufgebrezelt wie ein verspäteter Pfingstochs, eingezwängt in ein schön schillerndes Gewand, in eine Schärpe und in meinen alten Kombfermazionspropeller auf den Grünen Hügel zu Bayreuth hinaufgewallt, bei angenehmen vierzig Grad im Schatten, vor mir der Graf Gocks vom Gaswerk, die Bundeskanzlerin, der Söder, der Bemmerleins Paul, der Gottschalk, der Erbeerschorsch von Bamberg, der ewige Neureuther mit seiner noch ewigeren Rosi, der nicht minder ewige Stoiber mit Muschi, die Stabsgeneralin Vonderlein, der Beckstein plus Marga und wie unsere hiesigen und auch außerhiesigen Fibbs alle heißen.

Und mit ihnen zusammen hätten mich folgende kulturelle Köstlichkeiten erwartet: ein bigglharter Holzschemel zum Hinsetzen Parkett 1. Reihe mit einem Knarzen, wo man nicht genau weiß, kommt es vom Holz oder vom eingeschlafenen Arsch, ferner eine Luft zum Schneiden, autogenes Schweißeln ohne Ende, weit und breit kein brunnenfrisches Kellerbier, null Sardinaweggla, sodann knapp fünf Stunden Lohengrinsen intoniert vom Thielemann persönlich, über dessen Intonationen ich am vergangenen Freitag, bestürzt ob meiner selbstverschuldeten Abwesenheit, lesen habe dürfen müssen: »Christian Thielemann jagt Hochspannungsblitze durchs Festspielhaus, er lockt und lenkt, treibt und dehnt, spinnt unendliche Linien, legt aufregende Details frei und entfesselt explosive Triebkräfte.«

Da war ich natürlich einerseits stolz auf den unendliche Linien spinnenden Thielemann, da er ja einen Nürnberger Dirigationshintergrund hat, andererseits gibt es mir heute noch, Tage danach, zu denken, wie man, ganz ohne Kellerbier und Sardinaweggla, Hochspannungsblitze durchs Festspielhaus jagt und explosive Triebkräfte entfesselt. Ein erwähntes leises Knarzen in der Smokinghose, gut, das schon, aber explosive Triebkräfte?

Sei es wie es sei, ich verehre den Meister aller Meister, das größte Pump-Genie aller Zeiten, den seinerzeit auch vom Führer hochgeliebten Notenblockwart Wagner weniger wegen seiner auch nicht schlechten explosiven Triebmusik, sondern vor allem wegen seiner noch nie so recht gewürdigten Dichtkunst. Sie, die hohe Dichtkunst, ist jetzt in der Brabanter Angelegenheit, im *Lohengrin*, noch nicht zur völligen explosiven Triebkraft ausgereift. Erst im Ring der Nibelungenentzündung und da wiederum in der unzenhaften Unterabteilungsoper Fein- oder auch Rheingold hat es der Wagner wort- und vor allem stabreimmäßig wahrlich bis zur niemals mehr entreißbaren Weltmeisterschaft gebracht.

Etwa spricht, beziehungsweise singt da eine Frau Woglinde zur Frau Wellgunde: »Weia, Waga, Woge du Welle, walle zur Wiege, Wagalaweia. Wallala, weiala, weiala weia.« Und dann die Wellgunde zur Woglinde: »Woglinde, wachst du allein?« Wahrscheinlich ein nur bruchstückhaft erhaltenes Textstück, welches weißen wollte: »Wogwinde, wachst wu wawein?« Oder so ähnlich. Noch besser ist der Richard vom chronischen Stabreimbefall 1. Grades einige Strophen später heimgesucht worden. Wo der Gartenzwerg mit dem schönen und sinnfälligen Namen Alberich schamettert: »Garstig glatter, glitschiger Glimmer! Wie gleit ich aus! Mit Händen und Füßen nicht fasse noch halt ich das schlecke Geschlüpfer.« Schon immer hab ich beim Absingen jener Zeilen geargwöhnt, der Alberich ist aus Versehen in ein Hundehäuflein hineingehambld. Und vollends pfeift es mir vor lauter Begeisterung die Brobfn aus den Ohren, wenn ich kurze Zeit später die Rheintöchter beim Bflandschn im Bfater Rhein bfrohlocken höre: »Heia ja Heia, Heia ja Heia! Wallala leia ja heia! Leuchtende Lust, wie lachst du so hell und so hehr. Wache Freund, wache froh! Wonnige Spiele spenden wir dir. Heia ja Heia! Wallala la la la la la leia ja hei!«

Ja, das wäre eine leuchtende Lust gewesen letzte Woche, wären die wichtigen wamberdn und weniger wamberdn Wächter und Wafflbeggn und Wohlgeborenen mit ihren Waggerla in den wahnhaften, wallalalaigen Wohlgenuss der Worte vom windigen Wagner gewallt – also statt *Lohengrin* lieber ein paar Pfund *Rheingold*. Wie es die Bayreuther Brommi am letzten Mittwoch dennoch ausgehalten haben? Das Geheimnis ist schnell gelüftet: fast überhaupt nicht. Nach fünf Stunden Schall & Neo Rauch soll einer von ihnen geröchelt haben: »Bfimfhundert Benunzn bfür bralle Bosaunen bfull aff die Ohrn! Du duusheererder Driefl, du! Driefala, Driefala, danz ohne Dübl, Dübala, Dübala, Driefala, Driefl. Binni li, binni la, binn i denn bläid, blemblem oder brall? Mir brennd der Bobbers, Bfoohrer bretter mit Bleifuß blouß hamm und bford bford bfordala, bfalerii bfalera bford bfo Bareid! Ich will hammala hammala, hammalalaja, will hamm. Lechzende Leber, bitte bfümbf Bier.« Oder um es mit einem Wort aus der Ontologie zu sagen: Brommi werden ist scheint's nicht schwer, Brommi sein dagegen sehr.

O weh, Wöhrder See

Momentan kauere ich zwischen einer Familienpackung Fischstäbchen, Rahmgemüse, 500 Gramm Alaska-Seelachsfilet, einigen vor sich hinklappernden polnischen Gänsebrüsten und anderem Bo-Frost-Mambf bei angenehmen 18 Grad unter Null in der Gefriertruhe und möchert bitte auch was über die Hitz schreiben. Und zwar dahingehend, dass wir Kleinkopfertn ja immer meinen, wir hätten keinerlei Einfluss auf die mehr oder weniger weisen Ratschlüsse der Großkopfertn. Aber weit gefehlt! Als schönes Beispiel möge mein einstiger Schulweg dienen, der Anno Seinerzeit mich samt meinem Hercules E-Bike (E wie Eingängig), mäid in Nuremberg-Shwineow, viele vergeudete Jahre lang von Mögeldorf ins Realgymnasium geleitet hat: Mögeldorfer Hauptstraße, die Serpentinen an der Gärtnerei Speckhart nunter, am Phoenixer Fußballplatz vorbei, Eisenbahnbrücke, am Wastl wieder naufwärts, Jobst, Sulzbacher Straße, Rathenauplatz, Egidienberg. Der wesentliche Teil der Strecke hat Johann-Soergel-Weg geheißen und ist ein großer Tröster gewesen.

Ein bisschen Sumpflandschaft, ein paar zugewachsene Bombentrichter, Wiesenschaumkraut, Herbstzeitlose, Butterblumen, Bäume aller Art und vor allem immer entlang am freundlichen Gemurmel der Bengerz, also fast so was Ähnliches wie eine Natur – das lindert das alltägliche Grauen vor eigenhändig verfertigten Fünfern und Sechsern, vor Direktoratsverweisen, Nachsitzen, *consilium abeundi* (Gütevorschlag zum Abschwirren) oder Drümmer Schelln vom Pfarrer Kübel sehr. Und Obacht, jetzt kommt's: Wie meine ziemlich zähe Laufbahn am Realgymnasium ein Ende gefunden hat und ich auf den wunderbaren Johann-Soergel-Weg nicht mehr weiter angewiesen war, hat der verhältnismäßig hohe Rat der Stadt Nürnberg sofort reagiert: mit der unabänderlichen Beschlussfassung, dass mein Schulweg jetzt endlich geflutet werden kann. So viel zur immer wieder einmal stattfindenden Einwirkung unserer Kleinköpfe auf die Großköpf im Rathaus.

Und nur wenige Jahre nach dem Beschluss ist die Jahrtausend-Idee der Großköpf in die Tat umgesetzt worden – in die Ausgrabung und anschließende Pegnitzwasserbefüllung des damals ungefähr 50 Zentimeter tiefen Wöhrder Sees, im Jahr 1968 schon gerühmt als das beste Naherholungsgebiet der Welt sowie Nürnbergs größte grüne Lunge. Letzteres hat sich sofort bewahrheitet, denn bereits im ersten einigermaßen warmen Sommer sind auf ihm, dem sogenannten Wöhrder See, sehr viele grüne Algen herumgelungert, teilweise sogar blaue.

Die in überschaubaren Maßen naherholende Vorstadtverpestung hat in diesen Tagen 50-jähriges Jubiläum. So sei zur Jubelfeier dran erinnert, dass man damals den Wöhrder See infolge seines sehr triebhaften Bewuchses auch Wöhrder Klee genannt und dass er höchstwahrscheinlich weltweit als einziger See gegolten hat, den man in zweifacher Weise trockenen Fußes überschreiten hat können: entweder auf dem erwähnten Algenteppich oder ab Windstärke 3 auf den dort zu Zehntausenden (subjektive Schätzung) verkehrenden Windsurf-Brettern.

Bflanschen, Baden oder gar Schwimmen war nicht nur verboten, sondern ein Himmelfahrtskommando: Kleinkopfbrüche durch Surfbretter, Algenpest, Vogelgrippe, Entenscheiße oder – auch nicht ganz ungefährlich – erhebliche Wampnaufschürfungen infolge der geringen Watttiefe des Wöhrder Problem-Weihers.

Eine touristische Sensation hat das keinesfalls übertrieben wasserhaltige Gewässer dennoch gebildet, denn die spätere Heimat von Schwänen, Kormoranen, Kanadagänsen, Kunstdünger und Restmüll war die einzige Stadtpfütze, die jährlich zwischen Mai und September dreimal gemäht worden ist. Zur Ehrenrettung der Großköpf muss ich aber anfügen, dass gut Ding – wie der Aphoristiker sagt – Weile haben will. Nach überraschend schneller, nämlich nur 50 Jahre währender Weile, hat es der bekannte Neopren-Norikusbuchtschwimmer Dr. Markus Söder für vorläufig zehn Millionen Euro gerichtet. Die Gestade der Wöhrder Wasserlache sind jetzt teils einbetoniert, teils eingesandet, teils eingeschissen, am Wehr gleiten majestätisch schillernde Schwärme von toten Fischen, die Algen wachsen endlich wieder, dass es eine wahre Pracht ist, und dann und wann gleitet ein breitmaulfroschartiges Schifflein über die Wogen – Algenmahd, es naht schon der Herbst.

Und sogar Schwimmen ist in der vom *homo sapiens norimbergensis* persönlich geschaffenen Idylle unter Umständen möglich. Dabei möge man aber beachten: den Mund stets ganz weit aufmachen und die dadurch zügig eingesammelten Wasservorkommnisse (Algenstränge, Muggn, Bremsen, Düngemittel, kieloben treibende Fische etc.) anderntags bereits in Güte- und Geruchsklassen sortiert im Rathaus (Rathausplatz 2, 8.30 bis 15.30 Uhr) abgeben. Prämie pro 1 Kilo Seefang derzeit 1 Liter Leitungswasser.

Ach so, ja, hätt ich jetzt fast vergessen: Was das alles mit der momentanen Hitz von knapp 40 Grad über Null im Schatten zu tun hat, wenn man die Bengerz, die Bäume, die Wiesen, die Blumen umwandelt in eine Art Non-Swimming-Pfuhl, auch Kot d'Azure genannt, werden Sie sich vielleicht fragen? Natürlich nix! Aber mit einem Schatten hat es unter Umständen schon was zu tun. Mit jenem Schatten, der dann und wann unser Oberstübchen verdunkelt. Schönen Gruß aus der Tiefkühltruhe, auch von den Fischstäbchen.

Vom Aussterben der Langeweile

Das ist ja scheint's das Wesen unserer Weltkugel und des ihr anhängenden Kosmos – dass ständig was ausstirbt. Sterne verschwinden, ganze Planeten, überhaupt Materie. Letztere verzieht sich, wie man weiß, in Schwarze Löcher. Ob jene Schwarzen Löcher dann wieder was Neues erzeugen, entzieht sich momentan noch unserer Kenntnis, wird aber emsig erforscht. Die bisherige Erfahrung lehrt, dass ja. Zum Beispiel ist vor einiger Zeit der Dinosaurier ausgestorben, dafür hat aber heuer bei uns der Buchsbaumzünsler Fuß gefasst.

Neben Sternen, Dinosauriern oder Planeten segnen aber auch Erscheinungen, Phänomene, schöne oder weniger schöne Zustände eines Tages das Zeitliche. Nehmen wir nur das Phänomen der Langeweile in Verbindung mit den derzeit wieder stattfindenden großen Ferien. Heutige Erwachsene werden sich dran erinnern: Nichts ist damals dringlicher herbeigesehnt worden als der letzte Schultag – und dann, wie die infolge des Zeugnisses entstandene Arschbacknrötung langsam wieder verblichen ist, abgrundtiefe Langeweile! Sechs Wochen lang! Wie haben wir sie damals bekämpft, die Ferien-Monotonie? Teilweise mit äußerst grobem Unfug, auf den ich gleich noch zurückkomme, teilweise überhaupt nicht. Und wer der Langeweile seinerzeit nicht Herr oder Herrin geworden ist, der leidet oft heute noch an Schwermut oder Burnout oder Sommermelancholie und fällt womöglich bald auch dem erwähnten Artensterben anheim.

Jene damals von der Langeweile infizierten Große-Ferien-Opfer haben sich aber im Verlauf des Erwachsenwerdens eines Tages hingesetzt und feierlich gelobt: Unsere Kinder sollen es einmal besser haben, sinnerfüllter, unlangweiliger – und das amtlicherseits voll gestützte Ferienprogramm inklusive Ferienpass erfunden. Die Schwarzen Löcher von Erwachsenen haben die Langeweile programmatisch, exemplarisch in sich hineingezogen, dass es nur so gestaubt hat. Und von da an bist du nicht mehr von Langeweile niedergedrückt auf einer auch noch nach frischem Heu riechenden Wiese gelegen, Dreckrändlein am Hals vom Baden in der Bengerz, in den Himmel geglotzt und der Dinge geharrt, die da sowieso nicht kommen.

Gut, hin und wieder haben wir der Dinge tatsächlich nicht vergeblich geharrt. Dinge wie zum Beispiel Kaulquappen verschlucken, das Stück Mutprobe für ein Fünferla, später als Sushi in die höhere Gastronomiegeschichte eingegangen, mit einem Strohhalm Hiidschn-Aufblasen, Stoppelfeld-Dibfn, das Erlernen eines sogenannten Dreeg bestehend aus Sechsersechzg, Rot-Assn, Rufn und Kamerun bis hin zum Schafkopfn und der sich daraus entwickelnden Erlangung der uneingeschränkten Hochschulreife für die Kartelakademie von Weinzierlein. Genannt seien vielleicht noch: Kellerfenstern, Futterrüben-Weitwurf, der Kauf der ersten filterlosen Zigarette namens Salem No. 6 am Kiosk der unvergessenen Frau Gottlieb zu 8 D-Pfennig und deren hustenreiche Bleschung mit anschließender Teppichklopfer-Bastonade seitens des kettenrauchenden Vaters, Ladderwäächala-Rennen durch die Todeskurve am Schmausenbuck, Aufzucht von eigenhändig im Bächla zwischen Mögeldorf und Glaishammer gefangenen Salamandern, Lebberi-Schlachten im Zeher-Bad in Jobst, Erlernen wesentlicher Englisch-Amerikanisch-Vokabeln wie etwa der sehnsüchtigen Aufforderung an die damalige Besatzungsmacht »Dschuing Gam, bliis!«, das Ausschalten von Gaslaternen mittels Kieselsteinzielschießen, Konstruktion einer Einmachgummigambl mit anschließendem Schützenwettbewerb auf Brieftauben, Amseln und Fensterscheiben und so weiter und so weiter. Also Langeweile bis dorthinaus.

Eine ebenfalls sehr schöne Langeweile sei noch gschwind angefügt: Wie wir unseren Nachbarn, Herrn und Frau S., einmal gegen Ende der großen Ferien eine ganze seltene Speise, nämlich den Kürbis Surprise, also Überraschungskürbis, zubereitet haben. Einen der zahlreichen und sorgsam zu stattlicher Größe aufgezogenen Kürbisse ausgehöhlt, in ihn gemeinsam, durchaus kürbisfüllend hineingeschissen, ihn so gut wie unsichtbar wieder geschlossen und unverdächtig im Kürbisbeet deponiert. Tage später hat ihn das Ehepaar S. geerntet und in Vorfreude auf einen demnächstigen eingeweckten Kürbis mit dem Häckla extrem wuchtigen Hiebs gespalten. Das hat vielleicht g'schbrazzld! Und die Frau S. hat plötzlich viele Sommersprossen im Gesicht gehabt. Anschließend ist wieder der Teppichklopfer in Kraft getreten, der uns infolge seines dauerhaften Einsatzes während der Ferien schon langsam langweilig geworden ist. Auch hat er wegen unserer natürlich entstandenen Hornhaut am Hintern wie auch im Gemüt sowieso wenig pädagogischen Erfolg gezeitigt.

Diesen Hunderten, ja Tausenden von Langweiligkeiten ist dann vor geraumer Zeit mit dem amtlichen Sommerferienprogramm Gott sei Dank ein Ende bereitet worden. Das Kind und die Kindin von heute gehen aus, mein Herz, und suchen Freud in dieser lieben Sommerzeit mit folgenden verordneten Übungen, auszugsweise: Hochsommerzeit – Märchenspaziergang am Schmausenbuck, Kinderschnuppertauchen, Yoga am Seil, Faszientraining, »Heute bin ich Arzt«, Schnupperkurs Cheerleading, Woll-Lehrwerkstatt, Glasblasen, Mentales Training »Boost Your Mind«, Pizzabacken, Märchen unterm Erzählbaum am Walberla oder »spielerisch Hangeln, Springen, Balancieren in unserem Ninja-Kids-Kurs« der bekannten Erlanger Entlangweilungsfirma Warriors Luck GmbH & Co. KG, zwei Stunden zu 49 Euro. Für solche und ähnliche Beschäftigungstherapeuten wäre manchmal das eingangs erwähnte Schwarze Loch kein schlechter Aufenthaltsort. Oder man serviert ihnen einmal einen eigenarschig gefüllten Kürbis Surprise. Selber ausgebrütet und kostenlos.

Dass sich die in Maßen schöne Stadt Nürnberg am wissenschaftlich errechneten Schnittpunkt des 11,083. Längen- und 49,450. Breitengrades befindet, ist eine nicht nur unzureichende (lediglich drei Stellen hinterm Komma!), sondern auch sonst wenig zufriedenstellende Ortsbestimmung. Glücklicherweise haben sich aber der eine oder auch andere Interpret solch dürftiger Zahlen der Erforschung der wahren Lage unseres Städtchens gewidmet, vorneweg unser bester Denkmaler Toni Burghart (1928–2008).

Er, der Toni, hat einst, in den Achtzigerjahren des vergangenen Jahrhunderts, schwungvoll und in blassem Rot einen eindeutig gesäßförmigen Sandsteinfels gezeichnet, auf ihm thronend die Kaiserburg, und drunter in Antiquaschrift den Zweizeiler verfasst: »Nürnberg ist am Arsch der Welt. Wer hat es da wohl hingestellt?« Ja und jetzt? Weinen, winseln, wehklagen über unsere Analität, unser Sprichwort gewordenes Pfeifen aus dem letzten Loch, über unsere missliche Lage in der allertiefsten, allerdunkelsten Broffinz, in Verbund mit der Frage, wer daran schuld sei, dass wir – zum Beispiel im Gegensatz zum leuchtenden München – keine Weltstadt sind, keine Metropole, womöglich nicht einmal ein Metropölchen und, wenn überhaupt, allerhöchstens armleuchten mit unserer Frankenfunzl?

Mitnichten, Herr- und Frauschaften! Zur Resignation besteht keinerlei Anlass, denn wir befinden uns seit einigen Tagen bereits auf der Überholspur. Nehmen wir nur das derzeit hochkochende, beziehungsweise hochkühlende Thema Eisdiele.

In dem Zusammenhang sei schmerzlich dran erinnert, dass die Münchner ihre Weltgeltung erst im vergangenen Jahr mit einer bahn- und speiseröhrenbrechenden universalen Erfindung manifestiert haben, nämlich mit einem Büffelmozzarella-Basilikum-Eis in der Waffel! Und damit nicht genug – wer von jenem Büffelmozzarella-Basilikum-Eis nicht hoch und weit genug über den Viktualienmarkt gespeit hat, hat ohne Weiteres noch auf ein Sembf-Eis, Weißwurst-Eis oder Eis mit Cordon-Blöd-Geschmack zurückgreifen können. Wieder einmal hat uns München also heimgeleuchtet.

Aber dieses Mal hat es unsere Nürnberger Eisdealer nicht rasten und ruhen und beleidigt rummumbfln lassen. Vielmehr haben sie sich in ihre Tiefkühltruhe zurückgezogen und dort das gemacht, was wir Nürnberger am besten können müssen: über die alten Zeiten nachdenken, über die Historie der hiesigen Eiszeit. Wie man seinerzeit für ein Zehnerla (= 0,05 Euro) auf einem Babberdeggl ein Häuflein halbgefrorenes Elend erhalten hat, dann das Schdeggerla-Eis der Gebrüder Schöller, gefolgt von Dolomiti-Eis oder die große Portion Eisheiligen-Eis mit fünf Kugeln (Vanille, Schoglood, Erdbeer, Nuss, Zitrone) um ein Fuchzgerla im *Eiscafé Regina*, am Ende mündend in die Sorten Stracciatella, Kürbis, Kiwi, Kaktusfeige, Butterkeks-Brombeere, Schlumpf, Ingwer, Maracuja-Stechapfel-Rhabarber, Flummi oder, die bisherige Krönung, Trüffel-Zimtpflaume-Nougat-Nutella-Umbalumba-Eis, im Abgang Red Bull, leichte Tannine von After-Eight und Putzlappen.

Ja, gibt es da – so haben unsere örtlichen Eisheiligen lange sinniert – gibt es da noch eine Steigerung? Vor allem eine, die uns minderwertigkeitskomplexmäßig aus dem Tal unserer gefrorenen Tränen raushilft? Frostbeulen vielleicht oder Eisbein mit Sauerkraut-Sorbet? Auch kalte Naundscherla analog-reziprok zu den warmen Druudschala sind in Erwägung gezogen worden. Und schließlich hat einer der Speiseeis-Erschöpfer den Naherholungs-Aphorismus endlich ausgesprochen: »Warum denn in die Ferne eisen, liegt das Gute doch so nah.« Und schon ist es gesalzen und gepfeffert, würzig gesoßt, püriert und gefroren worden: Das erste original Nürnberger Schäufala-Eis, sogar mit Schwarddn obendrauf! Vorläufig allerdings noch ohne Gniedla und gemischten Salat.

Aber keine Angst – weitere Eise (nach ebenfalls sehr langem Nachdenken selbst erfundener Plural von Eis) sind höchstwahrscheinlich in Vorbereitung: Presssack-Eis, Stadtworschd-Eis, Leberkäs-Eis Hawaii, Big-Mäc-Eis mit Ketchup oder Mayo, Fleischküchla-Eis und im Winter, falls wieder einmal einer kommen sollte, Ruuzglöggla on the Rocks. Da werden die Münchner glodzn mit ihrem abgelaschten Büffelmozzarella-Basilikum-Eis! Wo es ihnen bei Übermittlung der Nachricht vom 1. Nürnberger Schäufala-Eis weltweit schon ganz flau im Magen geworden ist. Mir übrigens auch. Bei vorsichtiger Verkostung der in Jobst beheimateten Schäufala-Eiskrem bin ich ebenfalls in die Geschichte der ewigen Eisvielfalt eingegangen: Als erster auch auf dem Land einsetzbarer Eisbrecher, der bereits im Hochsommer seine Tätigkeit aufgenommen hat.

Und dem Toni Burghart muss ich unbedingt in den Malerhimmel mailen, Nürnberg befände sich seit einigen Tagen nicht mehr am Arsch der Welt, sondern im Aufwind, dass es aufwindiger bald nicht mehr geht. Auch wird der Tag nicht mehr fern sein, wo wir in Umkehr der Jobster Weltneuheit im Wirtshaus vor einem eiskalten

Schäufala mit Vanillegeschmack sitzen. Und wahlweise schmeckt es vielleicht sogar ähnlich wie sein Vorläufer und wie es der Toni Burghart schon gezeichnet hat: nach Arsch und Friedrich, wie der broffinzielle Nürnberger zu sagen pflegt, wenn ihm was zum Hals raushängt oder schnalzt.

Kraft durch freudiges Gelächter

Mit uns Staubsaugervertretern von der Lügenpresse ist es schon ein Kreuz, respektive eine Zwickmühle. Weil: Schreiben wir was hin, ist es naturgemäß gelogen. Schreiben wir nix hin, brandmarkt man uns als fröhliche Hosenscheißer. Schreiben wir was Unverfängliches hin, zum Beispiel einen schönen Wetterbericht, sind wir Schönwetterschreiber. Wie wir es machen, machen wir es verkehrt. Würde ich jetzt zum Beispiel hinschreiben, unser Bundesinnen-Horsti sei der Großvater aller Probleme, so hätte ich mir nicht nur eigenhändig zahlreiche Fettnäpfchen zusammengeschüttet, sondern wäre auch noch in sie alle eigenfüßig hineingestolpert. Denn erstens heißt er, der Bundevonsinnenminister, nicht Horsti, sondern Seehofer, zweitens ist er höchstwahrscheinlich kein Großvater, drittens bildet er nach aktenkundiger Eigeneinschätzung mitnichten ein Problem, viertens ist er über alle Anzweiflungen erhaben, hat er ausdrücklich schon des Öfteren selber gesagt, fünftens scheint er vom Volk, also auch von mir, gewählt worden zu sein oder auch nicht, sechstens nennt er einen äußerst launigen Humor sein eigen, was siebtens auch der größte Depp unserer Zunft noch wissen möchte, indem er, der Horsti, neulich ja Folgendes hinausgeprustet hat: »Ausgerechnet an meinem 69. Geburtstag sind 69 – das war von mir nicht so bestellt – Personen nach Afghanistan zurückgeführt worden. Das liegt weit über dem, was bisher üblich war.«

Wer bei solchen Witzen nicht sofort lachtränenüberströmt aus vollem Hals nauslacht, der hat wahrscheinlich keinen entsprechend dicken Hals – wie zum Beispiel jenen, an dem sich einer der behutsam zurückgeführten Afghanen damals dann aufgehängt hat.

Ähnlich verhält es sich mit der dieser Tage keinesfalls stattgefundenen Hetzjagd von Nazis auf fremdartig aussehende Passanten in Chemnitz. Und wenn schon Hetzjagd, dann im Sinn einer Hetz', welche, wie der Österreicher sagt, eine schöne Gaudi ist. Und jagen wird man ja wohl noch dürfen. Ob Kanadagänse, Hasen, Wildschweine oder fremdartiges Gelichter, is worschd. Im Übrigen gibt es bei uns keine Nazis, keinen rechtsradikalen Mob, keine Hitleristen, und wer sich den Luxus leistet, fremdartig auszuschauen oder es gar zu sein, der muss halt Obacht geben und hat in Chemnitz nix verloren. In Nürnberg auch nicht.

Womit wir mit einem eleganten Brückenschlag schon in der engen Heimat wären, wo natürlich auch eine Lügenpresse ansässig ist. Gemäß deren arglistig zusammengebastelten Buchstaben soll hier vor einigen Wochen ein Hitlergruß ausgeübt worden sein! Auch hätten in verschiedenen öffentlichen Versammlungen Redner geäußert, bei irgendwelchen Vorkommnissen in einem gewissen Auschwitz vor langer, langer Zeit handle es sich um Lügen, und im Übrigen solle man den Juden das Maul stopfen. Zudem sei bei diesen Versammlungen hin und wieder der Ruf »Sieg Heil!« erschollen. Soweit die Einlassungen der Lügenpresse.

Jetzt muss ich natürlich gestehen, dass ich dieser Lügenpresse seit geraumer Zeit auch angehöre, mich aber auf dem Weg der Besserung, der dringend notwendigen Umerzüchtigung befinde und infolgedessen der Wahrheit die Ehre geben muss. So darf nicht unerwähnt bleiben, dass die besagten Versammlungen in Nürnberg städtischer- und amtlicherseits voll genehmigt waren, wahrscheinlich schon allein deswegen, damit man dieses oder jenes doch noch einigermaßen öffentlich sagen wird dürfen. Sei es zum Beispiel das Wörtchen »Sieg«, sei es das Wörtchen »Heil«. Oder wie soll man es sonst ausdrücken, wenn unser Club wieder einmal einen Sieg errungen, wieder einmal sein Heil in der Offensive, im Toreschießen gesucht und wider Erwarten dann auch gefunden hat? Und das Leugnen von einem angeblich millionenfachen Morden in einer Ortschaft namens Auschwitz? Ja Gott, wenn man nicht dabei war, was soll man sagen? Am besten die Wahrheit, oder? »Da will ich nix davon wissen.« Weil, Wissen kann sehr schmerzhaft sein. Da ist es dann auch verständlich, dass man jenen, die ein Lied davon singen können, das Maul stopfen möchte. Noch dazu, wenn einem die versuchte Maul-stopfung vom obersten deutschen Verfassungsschützer zur gefälligen Nachahmung gewissermaßen empfohlen wird.

Bleibt, in Nürnberg, noch die angebliche mehrfa-che Ausübung eines sogenannten Hitlergrußes. Er, der Hitlergruß, besteht daraus, dass man möglichst zackig den rechten Arm, einigermaßen flach, bis in Augen-höhe erhebt, und er ist, warum auch immer, gemäß der Paragraphen 86 und 130 StGB verboten. Gut, aber was ist, wenn sich ein Nazi, den es in Nürnberg nicht gibt, eines Tages den rechten Arm bricht, und dieser Arm von einem Doktor in Unkenntnis der Paragraphen 86 und 130 StGB dergestalt gegipst wird, dass er flach, bis in Augenhöhe, nach oben weist? So und nicht anders ist es nämlich in jenen Versammlungen in Nürnberg höchst-wahrscheinlich passiert.

Und zum Schluss noch ein kleiner Dialog aus einer Berufsfortbildungsschule im nahen Altmühltal, der vor einigen Monaten zwischen Lehrer und Schülern wie folgt geführt worden ist. »Lehrer: ›Kamerad, woher bist du?‹ Schüler: ›Oberfranken.‹ Lehrer: ›Was sagt uns das? Ein Volk, ein Reich …‹ Alle Schüler gemeinsam: ›… ein Führer! Sieg Heil! Sieg Heil!‹« Würde ich jetzt unseren obersten deutschen Verfassungsschützer oder den Horsti zu diesem vom Bayerischen Rundfunk ins Netz gestellten Video-Dialog befragen, möchte ich gar nicht wissen, was sie mir, in Anlehnung an die Hetzjagd in Chemnitz und die Nazis in Nürnberg, antworten. Einen schönen Schulanfang morgen, gezeichnet: Die Lügenpresse.

Muggenhof den Muggenhofern!

Die Arbeit als solche kann in manchen, wenn nicht sogar vielen Fällen eine unangenehme Tätigkeit sein. Hierorts erkenntlich an dem Wirtshausseufzer: »Naa, mir ka Bier mehr, mouß morng fräih widder in die Ärwerd …« Eingeschlossen in jenes »mouß«, höchstdeutsch »muss«, ist bei älteren, einigermaßen bibelkundigen Werktätigen die Erinnerung an das seinerzeitige Paradies, an jene Epoche also, in der die Arbeit noch nicht erfunden, das süße Nichtstun dann jedoch infolge Apfelmissbrauchs in Tateinheit mit dem verbissenen Wunsch nach voller Erkenntnis verwirkt worden war. Höchstwahrscheinlich für immer. Die Zwangseinführung der Arbeit mag auch damit zusammenhängen, dass die Weltbevölkerung damals aus zwei Leuten, also aus einem Leut und einer Leutin, Adam & Eva, bestanden hat. Heute sind es 7,5 Milliarden.

Aber worschd, wie es gekommen ist – wir haben uns im Verlauf vieler Millionen Jahre leidlich daran gewöhnt und gehen halt in Gottes Namen von früh bis spätnachmittags unseren anbefohlenen, mehr oder weniger geliebten Berufen nach.

Einen Beruf gibt es aber, der aus allen Tätigkeiten dieser Welt heraus-, beziehungsweise tief hinabragt, den man weder mittels dreijähriger Lehrzeit erlernen noch aufgrund etwa einer abgekupferten Dissertation studieren kann, der befristet ist, nicht selten in der Katastrophe endet und dennoch sisyphusartig durchgeführt werden muss: der Beruf des Politikers.

Oder möchten Sie vielleicht Ihr Leben in einen fünfjährigen Turnus eingeteilt haben, also alle fünf Jahre zittern, zagen, bibbern, Prozentrechnungen durchführen, Plakate mit Ihrem gequält lächelnden Gniedlaskubf kleben, in irgendeinem Gilamoos oder auf der Unterzipfelsbacher Kärwa oder am original Nürnberger Altstadtfest hunderttausend verschwitzte Hände schütteln, in Millionen Eifone zum Behuf eines Selfies hineingrinsen, dreimal abendlich eine Volkstümlichkeit mimen, Ihren geschätzten Namen auf Bierfilzla draufschreiben, obwohl Sie bereits nach 150 Bädern in der Menge nicht mehr genau wissen, wie Sie eigentlich heißen? Und die zwölfte Maß Apfelschorle kommt Ihnen schon aus den Ohren raus! Gar nicht zu reden vom Luftballonaufblasen am Lorenzer Platz, dem Verteilen hochwertiger Plastikkugelschreiber, Bleistiftspitzer, Windrädla, Fähnchen, Mitgliedsanträgen und anderer Kostbarkeiten des täglichen Bedarfs eines Abfallkübels.

Momentan jedenfalls ist Politiker wieder ein sehr schwerer Beruf. Ich möchte ihn nicht ausüben müssen. Wir Otto oder Ottilie Normalverbraucherin haben es doch dagegen sehr schön auf Erden, in Bayern oder in Nürnberg. Wir nennen einen einzigen Chef und einige Unter-Chefs unser eigen, wissen ungefähr, wie sie ticken, nämlich meistens nicht ganz richtig, üben infolgedessen ihnen gegenüber 7,5 Stunden täglich eine Art »Potemkin'sche Demut« aus und jubilieren beim feierabendlichen Passieren der Werkstore in großer Erleichterung, dass sie uns ab sofort kreuzweise können, also nauf und nunter und nüber und rüber.

Der Politiker jedoch hat jetzt vor den bayerischen Landtagswahlen nicht nur *einen* Chef und einige Unter-Chefs, sondern sage und stöhne 9,5 Millionen – Wahlberechtigte nämlich, die gesamte einigermaßen erwachsene Bevölkerung! Und eine Bevölkerung ist meistens eine unberechenbare Angelegenheit. Nur einmal angenommen, du hast im Januar guten Mutes eine Zielsetzung von 50 + x Prozent Stimmen, und im September stellt sich aufgrund demoskopischer Erhebungen ein Stimmbruch raus, dergestalt, dass jenes zu berechnende x nicht nur den Wert Null erreicht hat, sondern erheblich in den Minus-Bereich hinunterschwambld. Und – anders als bei herkömmlichen Arbeitsplätzen – kannst Du jetzt nicht g'schwind Deinen Chef wechseln, sondern lediglich probieren, Dein verschwitztes Hemmerd nach dem Wind zu hängen. Und das in aller, bei uns teilweise noch existierenden Öffentlichkeit! Nämlich auf der Unterzipfelsbacher Kärwa im Bierzelt.

Von den erwähnten zwölf Maß Apfelschorle kriegt man kein Kopfweh, aber von der allabendlich vorzunehmenden Standpunktveränderung auf jeden Fall. Ein solches Kopfweh kann sogar chronisch werden, in regelmäßigen Zeitabständen immer wieder anklopfend und meist unheilbar. Da kannst du SPD heißen oder CSU oder Grüne oder FDP oder VSP (Vegetarische Spinaterer-Partei) und so weiter, es derwischt jeden. Fast jeden, muss man ein bisschen einschränkend sagen. Denn um den enorm unangenehmen Erscheinungen im Politikerwesen zu entrinnen, muss man den Hebel nur dort ansetzen, wo er hingehört – an den richtigen Punkt, wie es seinerzeit der alte Archimedes (285–212 v. Chr.) schon errechnet hat. »Gib mir einen Punkt«, hat er hebelgesetzmäßig eruiert, »wo ich hintreten kann, und ich bewege die Erde mit der Hand.«

Und jetzt soll es tatsächlich einen Politikerverein zur Selbstabschaffung der Politik e. V. geben, der den richtigen Standpunkt entdeckt hat. Der Standpunkt ist ganz einfach, leicht zu merken und scheint's erfolgreich und lautet »Deutschland den Deutschen«. Er ist beliebig austausch- und stapelbar: Bayern den Bayern, Franken den Franken, Nürnberg den Nürnbergern, Muggenhof den Muggenhofern. Und wer dann, wenn es so weit ist, als Deutscher beziehungsweise Muggenhofer gilt, das entscheidet ein Depperlas-Test unter medizinischer Aufsicht oder ein entsprechender, von der Partei ausgestellter Muggenhofer-Nachweis. Die sich selbst abschaffenden Politiker werden eines Tages obsiegen und vor allem nicht an Kopfweh laborieren. Denn da ist sich die Medizin einig: Wo kein Kopf, da auch kein Kopfweh. Ich werde sie aber am 14. Oktober nicht wählen, da sind mir die schwer geprüften Bierzeltler auf der Unterzipfelsbacher Kärwa ungefähr 9,5 Millionen Mal lieber.

Fränkisch, der leckerste Dialekt

Neuerdings ist folgende schwerwiegende Schicksalsfrage aufgetaucht: Sind oder waren die Damen und Herren Frank-Markus Barwasser, Lizzy Aumeier, Wolfgang Buck, Fitzgerald Kusz, Klaus Karl-Kraus, Mäc Härder, Volker Heißmann, Martin Rassau, Bernd Regenauer, Sven Bach, Mathias Tretter, Bernd Händel, Oliver Tissot, Rolf Miller, Charly Fischer, Herr Bembers, Heiner Filsner, Bernd Dittl, Urban Priol, Michl Müller, Eberhard Wagner, Gerhard Krischker, Matthias Egersdörfer, Maximilian Kerner, Günter Stössel, Conny Wagner und viele andere, die mir gerade nicht einfallen, sind diese Herr- und Frauschaften also am End Deppen, Hirnheiner und Haichdala? Oder gehören sie vielmehr der hiesigen Hochintelligentia an? Sie alle bedienen sich nämlich einer Sache, die scheint's im Dahinsiechen begriffen ist und jetzt aber wieder aufgebäbbld werden soll – des Dialektes, auch Mundart genannt.

Der Söderla, vulgo Dr. Markus Söder, hat sich im Rahmen des auf Hochtouren qualmenden original fränkischbairischen Wahldampfs der in uns allen bohrenden Frage angenommen und sie, die Frage, wie es seine Art ist, nicht nur gestellt, sondern auch gleich beantwortet. Dahingehend, dass der Dialekt ab sofort oder wann in der Schule nicht wie bisher geleert, sondern vielmehr gelehrt wird. Ich vermute, auch der fränkische Dialekt, unterteilt in Ober-, Unter- und Mittelfränkisch, Westmittelfränkisch, Hohenloherisch, Westthüringisch, Südhessisch, Fürtherisch, Nürnbergerisch, Weißenburgerisch, Gibitzenhoferisch, Erlangerisch, Schwabacherisch, Lachoudisch etc. Denn, so hat es Herr Dr. Markus Söder neulich öffentlich nachgewiesen, »Sie alle wissen, dass Dialeggd indelligender machd, das sieht man an der bayerischen Schdaazregierung jeden Daag.« Ende des schönen Zidads.

Wird also, wie vom Söderla beschlossen, von der achten Klasse Realschule und Gymnasium an unter anderem eines meiner örtlichen Lieblingsgedichte endlich wieder zum hohen Minnelied erhoben? Jenes Poem, das da lautet: »Maadla, mogsd an Abflgrabfn odder mogsd a Seidla Bier; horch ner wäi die Hunna heind; wenns gwiedschd, des is die Abord-Diir.« Oder wird im demnächstigen Leistungskurs Unterbairisch die südmittelfränkische Ballade von der Heimkunft einer tiefschlürfenden Interpretation unterzogen, wo es lautet: »Ich bin vo Hilbolschdaa der Maurer Mörddl, iich drooch kann Huuserdräächer nedd, iich drooch an Gärddl, iich mooch ka Uufergniedla nedd, iich mooch an Schadd, haid gemmer widder goornedd hamm, die Ald, die wardd.«

Oder so gefragt: Dürfen wir in baldiger Bälde mit unseren Kindern und Kindeskindern wieder so reden und singen, wie uns der Schnabel, respektive die Goschn oder Waffl, gewachsen ist? Wahrscheinlich nicht! Denn einer großen, im Süddeutschen beheimateten Zeitung habe ich dieser Tage im Zusammenhang mit einem unserer nicht selten sprechenden Aushängeschilder, mit Loddar Maddäus, entnehmen müssen, dass es sich bei unserem fränkischen Dialeggd womöglich um eine noch nicht gänzlich erforschte Volkskrankheit handelt, um die Mundfäule vielleicht. Denn es steht dort geschrieben: »Lothar Matthäus, immerhin Rekordnationalspieler und der einzige Weltfußballer, den Deutschland seit 1991 hervorgebracht hat, wird reduziert auf seinen zugegeben schwer erträglichen Dialekt ...«

Schwer erträglicher Dialekt! Und den möchte der Söderla jetzt zum höheren Kulturgut erheben! Woohrdscheins werds also nix. Und es werden auch in Zukunft unsere Schüler und -innen den bitteren Begrüßungs- und Verabschiedungsformeln unterworfen sein, die da der Reihe nach lauten: Hallo, Hallöööchen, Hallihalloo, Hallööla, Dschüss, Dschüssi, Dschüssilein, Dschöö, Dschau, Dschaui und Dschüssikoffski. Oder gar: Griasdi und Bfüadi!

Wo meine zwei Ohren ebenfalls von akutem Schüttelfrostkoma befallen werden und sich die dort ansässigen Knöchelchen Amboss und Hammer zum akuten Gehörgangverschluss zusammenziehen, ist die jähe Rezeption des Unwortes der Jahre 1970 bis einschließlich 2021, das da heißt »Lecker!«. Bei den jeweiligen Anfragen eines guten, in Schwaig bei Nürnberg gebürtigen Freundes, ob ich eventuell mithaadsche auf »ein lecker Bierchen«, zieht es mir regelmäßig die Schuhe aus, sodass ich leider, ohne Schuhe, nicht mitgehen kann, auch nicht in ein noch so anheimelndes Wirtshaus, wenn dort »lecker Bierchen« zum Ausschank gelangen. Und einem dann aber beim Ersuchen um ein weiteres lecker Bierchen mit den Worten »Scheff, lou numol an Schbruuz nei!« das Maul ziemlich sauber bleibt. Weil er leider nur Düsseldorferisch spricht und versteht.

Ähnliche Schluckbeschwerden stellen sich bei mir auch ein, wenn ich mit folgenden Inschriften zur Einkehr bewegt werden soll: »The urban Fränkisch Taste«, »Omas Küche trifft Streetfood« oder »Be good, Food with roots«. Man kann es mitten in Nuremberg schwarz auf durchsichtig lesen, an den windows eines Wirtshouse in der Kingsroad. Food with roots – da könnt ich roots und Wasser greina. Und insofern würde ich dem Söderla seiner Initiative zur schulischen Pflege der Mundart durchaus beipflichten. Wo er sich doch auch mit seiner Erkenntnis, dass Dialektsprecher unter Umständen nicht ganz unintelligente Menschen seien, durchaus im Bereich des Nachvollziehbaren befindet; man muss nur genau hiihorng (für den süddeutschen Kollegen: hinhören). Beim Hiihorng kann man nämlich hören, dass der Seehofer, im Gegensatz zum Beispiel zum Barwasser, seit geraumer Zeit ein astreines, wenn auch sehr langsames, wohlunüberlegtes Hochdeutsch spricht. Ob bei ihm im neuen Schuljahr eine Doppelstunde Dialekt pro Woche helfen würde? Ich glaab fast nedd.

Geschmacksverirrungen

Manchmal ist es wirklich wie ein Wunder, dass jede Woche irgendwas passiert und man es behufs Weiterverwurschdn ausführlichst hinschreiben kann. Letzten Freitag zum Beispiel ist wieder einmal, wohlauf, die Luft frisch und rein gegangen, es hat sich das Herbsten angehoben sowie die Kelter des Weines geharrt. Und, was reimt sich auf »Weines«? Genau! Der Winzer Schutzherr Kilian beschert uns etwas Feines, Vallerii, Valleraa. Hat nämlich der alte Weindimbfl Victor von Scheffel (1826–1886) extra für uns gedichtet, dass wir so bald wie möglich aus grauer Städte Baustellen hinausdieseln in die breite, feinstaubdurchglühte Au, von Bamberg bis zum Grabfeldgau, und uns auf Tausenden von Weinfesten, Weinproben, Weinverkostungen die Kante geben, wo wir uns anschließend, nicht mehr ganz Herr oder Frau unserer Beine, in einem uns nicht näher bekannten Komposthaufen wälzen und mit Herrn von Scheffel betreffs unverzüglicher Heimkehr stöhnen »Ich wollt, mir wüchsen Flügel, Vallerii, Valleraa, ich wollt, mir wüchsen Flüüüügel.«

Oder um es so zu sagen: Es gärt nicht nur in uns in diesen Tagen, nicht nur in der erwähnten Kelter, nicht nur in den schluck-und sangesfrohen Kehlen beim Hinausschmettern des berüchtigten Frankenlieds, sondern auch in den nicht minder öchslehaften Köpfen eines Berufsstandes, der jedes Jahr aufs Neue in mir eine große Ehrfurcht auslöst; Betonung auf -furcht. Und zwar handelt es sich um die Köpfe der Önologen und Sommeliers, aus denen es in diesen Tagen wieder herausträufelt wie der geschwefelte oder auch geschwafelte Sauser aus der Weinpresse.

Dagegen nehmen sich Reimer, Dichter und Lyriker, in Sonderheit der alte Scheffel, aus wie bemitleidenswerte Einfaltspinsel – wenn ihnen nichts anderes einfällt als die zage Zeile »Der Winzer Schutzherr Kilian beschert uns etwas Feines.« Etwas Feines! Mehr weiß der Scheffel, der Dumpfdichter, gwiss nicht über einen Frankenwein?! Ein Frankenwein, bloß dass Sie es wissen, Herr von Scheffel, ein Frankenwein, der umgarnt unsere Sinne mit Duftnoten von Honigmelonen, Gras, Kräutern aller Art, Mango- und Zitronenschalen, im Abgang Grüner Apfel! So oder so ähnlich schalmeit jetzt wieder der Sommelier landauf, landab und landunter. Wer schon einmal eine Mangoschale zu sich genommen oder einen Abgang mit einem grünen Apfel erduldet hat, der – beziehungsweise dessen Schließmuskel – weiß Bescheid.

Oder ein weiteres Zitat eines Weingeleerten auf Sommelier-Chinesisch: »In der Nase ein Hauch von Birne, Mirabelle und Aprikose. Am Gaumen explodiert förmlich ein Bukett von Walnüssen und Bittermandel, dezent spielt eine fruchtige Säure in vornehmer, zurückhaltender Art, ist zugleich umrahmt von einem Hauch floraler Aromen.« Von was Stunden später, nach vielleicht zwölf Schoppen, der Schädel umrahmt ist, wird uns zwar nicht mitgeteilt, dafür ist aber ausführlich die Rede von harmonischem Tannin, von muschelkalkhaltigem Terroir, von jugendlichen Reflexen, von erstaunlichen Balancierungen am Gaumen, von teils zartblumigen, teils rauchigen Nasen und tiefen Botrytisananklängen. Jene wunderbaren Botrytisananklänge entstammen dem Substantiv Botrytis, und der, die oder das Botrytis wiederum bildet eine kosmopolitische Gattung der Schlauchpilze aus der Familie der Skleotienbecherlingsverwandten. Ich hab es extra im Computer herausgeforscht, damit Sie es auch wissen, falls Sie einmal ein Achderla Schlauchpilz zu sich nehmen möchten.

Wie es sich allerdings mit dem Balancieren von jugendlichen Reflexen am Gaumen verhält, steht im Computer leider nicht drin; das hat scheint's ein önologischer Wortakrobat eigenköpfig erfunden, nach fünfzehn Schoppen Scheurebe am muschelkalkhaltigen Terroir darniederliegend.

Um aber wieder auf die einfallslose Klassifizierung eines Weines durch Herrn von Scheffel zurückzukommen, der zufolge ein oder zwei oder sieben Glas Escherndorfer Lump durchaus was »Feines« sein können: Mit solchen armseligen Einstufungen bringt man es nicht weit. Nur einmal angenommen, man sitzt mit seiner rauchigen Nase im Schlenkerla, in der Hütt'n, beim Behringer, Höllerzeder, Sperber, in Rockenbrunn, Illschwang, Heldmannsberg oder beim Brunner in Röthenbach bei Sankt Wolfgang, hat noch ein paar letzte Sonnenstrahlen im Herzen sowie am rheumatischen Buckel, senkt den erwähnten rauch- und bodennebelumflorten Zinken samt balancierendem Gaumen in ein Glas Altmänner-Sorgenbrecher Bacchus und wird von der Frau Oberin in wahlweise mittelfränkischer oder oberpfälzischer Grandezza mit den feinziselierten Worten »Und, wäi?« befragt, ob es mundet im Gaumen; und antwortet sodann, wenn überhaupt, mit nullkommafünfsilbiger Begeisterung: »Hng«, so ist das Zwiegespräch zwischen Gast und Bedienung bereits beendet.

Ganz anders im Fall der kunstvollen, in höchsten linguistischen Höhen schwebenden Geheimsprache des Sommeliers. Man lasse also auf die Frage nach der Güte des Bacchus folgende Worte zwischen Gaumen und Zunge herausbalancieren: »Ich vernehme Düfte von

Brombeeren, Kirsche, Holunder, feine, noch junge Gerbstoffnoten, die von der weichen, filigranen Säure angenehm umschmeichelt werden, eine spielerische Leichtigkeit ...«, und füge sodann noch hinzu: »Dennoch ein kräftiges Gerüst, voller, griffiger Körper, warm und ...« Und schon ertönt es aus dem kräftigen Gerüst der Frau Bedienung: »Ihner werri glei a weng griffln an mein vollen Körper. Ich glaab, Ihner brennd der Kiddl, hä?!« Noch lange wird es hin und her hallen wegen dem vollen Körper, dem kräftigen Gerüst, und ob die Dame bei aller spielerischen Leichtigkeit womöglich nicht doch ein sofortiges Lokalverbot erteilt. Und zwar mit Recht. Und man wird beim Hinauswurf noch einmal auf Herrn Victor von Scheffel zurückgreifen müssen, der da dichtet: »So muss ich seitwärts durch den Wald als räudig Schäflein traben. Vallerii, Valleraa.«

Alle Atemwege führen nach Nürnberg

Neulich ist ein heiserer, fast schon asthmatischer Aufschrei durch die Stadt gegangen. Und jetzt herrscht Heulen und Bronchienklappern, bis nüber nach Fürth und sogar Schwabach. Und zwar wegen des Autoverkaufswachstumsgesetzes, das die ganz große Koalition droben in Berlin dieser Tage zur Sanierung von VW, Audi, BMW, Mercedes und so weiter in einer Nacht- und Nebelsitzung beschlossen hat. Dergestalt, dass sich wegen Luftreinheit jeder ein neues Auto kaufen muss oder eine irgendwie geartete Hartware, auch Hardware genannt, zum einmaligen Sonderpreis von fast überhaupt nix! Also allerhöchstens zwanzig- oder dreißigtausend Euro, die wir ja sowieso alle miteinander tatenlos daheim oder auf einer Bank unseres Misstrauens rumliegen haben.

In den Genuss dieser sogenannten Umtauschprämie kommen jetzt aber nur Stickoxiderzeuger in sechzehn deutschen Städten wie zum Beispiel Darmstadt, Backnang, Heilbronn, München, Stuttgart, Reutlingen oder Düren. Und – Obacht, jetzt kommt's – Nürnberg ist fei nicht dabei! Wir schauen in die Auspuffröhre und erhalten weder eine kostenlose Hartware noch einen fast geschenkten Daimler.

Es hängt mit den Mikrogrammen (Plural von Mikrogramm) zusammen. Sie, die Mikrogramme von Stickoxiden, haben sich infolge einiger Irrtümer von Fortbewegungsdiplomingenieuren und Mobilitätsphilosophen überraschenderweise angehäuft im Lauf eines Jahrhunderts und bilden einen Feinstaub, der nicht mehr, wie ursprünglich vermutet, allein mit der Einnahme von Hustenbonbons bekämpft werden kann. Dies gültet aber nur in den erwähnten Feinstaubwüsten wie Darmstadt, Backnang, München und so weiter, nicht jedoch in Nürnberg! Es herrscht jetzt also große Bestürzung über die Nichtnominierung und Aufnahme unseres Gemeinwesens in den erjauchten Kreis der besten deutschen Stink-Städte. Angeblich fehlen uns ca. 10 Mikrogramme.

Was ist jetzt in der Stunde unserer tiefsten Erniedrigung zu tun? Der Oberbürgermeister hat es kurz nach der vorvorläufigen Verabschiedung des diskriminierenden Autoverkaufswachstumsgesetzes schon geharnischt gegeißelt, mit den Worten »Also so geht's fei nedd!« Teils hat er damit recht, denn wir wollen ja auch, wie die Backnanger oder Darmstädter, einen nagelneuen Hobel oder eine Hartware; teils ist es aber auch nicht so schlimm wie zunächst befürchtet. Man muss nur einmal drüber nachdenken, ob der Ausschluss unseres Gemeinwesens vom neuerdings gesetzlich geregelten Autokaufrausch nicht auch positive Konsequenzen nach sich ziehen könnte. Und da ist die ganz klare Antwort: Auch bei uns ist noch Luft nach oben. Und es gibt mehrere Möglichkeiten, die zunächst schnöde Ausgrenzung seitens des überaus begnadeten VW-Ministers und Luftheulers Scheuer ins Gute, Schöne, Angenehme zu wenden. Denn wenn wir hier schon eine höchstamtlich zertifizierte Luftreinheit einatmen dürfen – was läge näher, diese wohl einmalige Frische unseres städtischen Odems öffentlich zu propagieren? Kurz: Nürnberg soll sich nicht nur einen baldigen Ruf als Kulturmetropole Europas erwerben, sondern sich endlich auch als einen der besten schnaufbaren Luftkurorte Deutschlands darstellen.

Bad Nürnberg in Lufteinheit mit Fürth und seiner Gaggerlasquelle mit dem Slogan »Alle Atemwege führen nach Nürnberg« – da könnten ein Bad Tölz, Bad

Birnbach oder Bad Griesbach nur noch resignierend vor sich hinmuffeln. Der Andrang von Millionen und Abermillionen daheim fast erstickender Touristen wären die Folge der Erhebung der Stadt zum staatlich anerkannten Luftschloss.

»Wohlauf, die Luft geht frisch und rein« singend täten die Besucher nüber zum Plärrer wandern, hinaus zur Rothenburger und von-der-Tann-Straße, nähmen dort Sauerstoff in Hülle und Gülle zu sich, verlustierten sich bei allabendlichen Gasmaskenbällen und lauschten dann und wann einem medizinischen Fachvortrag des einstigen Doktors und Auspuff-Direktors Andi Scheuer zum Thema »Heiße Luft«. Verteilte man dann die so entstandenen Mehreinnahmen nicht nur auf die Auto-Industrie, sondern auch auf die Bevölkerung von Bad Nürnberg, könnten wir uns dereinst vielleicht ebenfalls eine nachgerüstete Hartware oder gar einen neuen SUV von VW oder Audi leisten.

Und sollte die Bewerbung der Stadt als Luftkurort trotz etwaiger zusätzlicher subventionierter Rußfilter für die Hintern aller Einwohner wider Erwarten in die Hose gehen, böten sich weitere Chancen, doch noch in den Genuss eines neuen Autos zu kommen. Denn natürlich nennen wir auch hier die von uns selbst gefertigten Luftzusatzstoffe wie Stickstoffmonoxid, -dioxid, Kohlenmonoxid, Ozon, Feinstaub, Benzol und so weiter unser eigen, aber halt nicht ganz so viel wie in den sechzehn Mief-Metropolen. So wäre es doch ein Leichtes, die hier eingesetzten Luftmessgeräte ein bisschen naufzumanipulieren, sodass wir schon nächste Woche nicht so windige Werte wie nur vierzig oder fünfundvierzig Mikrogramme erreichen, sondern zufriedenstellende siebzig oder achtzig. Also b'scheißn auf Schadstoff komm raus. Und schon erwartet auch uns die vom Dr. Luftikus Scheuer erfundene Vergütung. Sollte dann wirklich wer meckern oder Anstoß nehmen an unserem Vorgehen mit dem Hinweis, es handle sich hierbei um nichts anderes als um den Straftatbestand des Betruges – dem können wir in aller Ruhe und sehr guten Gewissens entgegnen: Wir bedienen uns lediglich der ministeriell geschützten Gepflogenheiten der Auto-Industrie.

Auch wenn es vor-, beziehungsweise nachläufig niemand wahrhaben will, führt an tiefgreifenden Reformen des bayerischen Landtagswahlwesens kein Weg mehr vorbei. Denn wir haben entschieden einen großen Mangel an einigermaßen politischen Parteien. Nur achtzehn, teilweise nicht gänzlich im Vollbesitz ihrer geistigen Kräfte befindliche Selbstzweckverbände – da kann von einer Parteienvielfalt nicht einmal annähernd die Rede sein. CSU, Grüne, SPD, Blaue, Gelbe, Hellbraune, PFG (Partei für Gibitzenhof), Sozialthermokraten, ERF (Extrem Rückständige Fortschrittspartei), AFRD (Arbeitsgemeinschaft Follkommen Reinrassiger Deutscher), FBP (Freibierpartei) oder FBAHK (Frängische Bardei zur Abschaffung der Harden Gonsonanden), DDB (Die Diddlasbadscher), und das soll es dann gewesen sein!? So geht es nicht und vor allem nicht weiter. Bereits in den nächsten Tagen werde ich persönlich im Wahlamt vorstellig und melde als neue Partei den weitgehend blockfreien VEG an, den Verein zur Erhaltung der Gemächlichkeit.

Jedes neue VEG-Mitundohneglied erhält zum Eintritt zunächst einmal einen Gutschein für zwei bis drei Stunden, der niemals eingelöst werden darf. Man kann sich die zwei bis drei Stunden an den Nagel hängen, unters Kopfkissen schieben, in einem Schließfach verwahren oder sonstwie sinnvoll nutzen. Parteivorsitzender wird, wer glaubhaft nachweisen kann, dass er Zeit hat.

Die Idee zur Gründung des Vereins zur Erhaltung der Gemächlichkeit ist in mir zwei Tage vor der Landtagswahl am vergangenen Freitag aufgekeimt. Es haben an diesem Freitagnachmittag in der Stadt der zukünftigen Eurobäischen Kuldurmedrobowle handgemessene 27,5 Grad Celsius über Null geherrscht, in der Eisdiele am Plobenhof sind schwer schwitzende Frau- und Herrschaften in einer Schlange von ca. zwanzig Metern Länge angestanden, in vielen Trinkstätten ist der Eiswürfelnotstand ausgerufen worden, dazu gesellte sich rapider Preisverfall bei Angora-Unterwäsche. Mein sehr bedächtiger Schritt hat mich, zum Schutz vor den sengenden Sonnenstrahlen, in ein schönes Geschäft namens *Butlers* in der Kaiserstraße geführt.

Wenn man jetzt noch weiß, dass wir heute, kalendarisch voll abgesichert, den 15. Oktober schreiben, wird man verstehen, dass ich mich plötzlich im Zustand extremer Verwirrung, akuter Hirn-Inkontinenz gewähnt habe, denn was hat mich bereits am Eingang vom *Butlers* begrüßt? Ob Sie es glauben oder nicht: ein Blasdigg-Grisbaum, behängt mit Grisbaumschmuck aller Art!

Dahinter, daneben und drüber ein ganzer Himmelreichswald von Grismäs-Trees, dass es in dir unwillkürlich summt »Oh Tannenbaum, oh Tannenbaum …« und so weiter. Und was erblicken meine leuchtenden Rinderaugen ein paar Meter weiter nauf in der Königstraße? Genau! Den Laden unserer Rothenburger Grismäs-Keddl, auch Käthe Wohlfahrt genannt, der legendären Erfinderin vom Ganzjahres-Weihnachten. Schon seit Wochen haben dort Nussknacker, Gänselieseln oder frohgemute Wanderbürschlein das Feld räumen müssen zugunsten von Krippelein, Englein, Jesuskindlein, Eselein und Öchslein. Wobei die Eselein und Öchslein höchstwahrscheinlich wir Schaufensterschlurcher sind, die wir in der uns fest eingewachsenen Blödheit immer noch meinen, der 15. Oktober ist der 15. Oktober und keinesfalls der 15. Dezember.

Es handelt sich also bei uns Deppen um chronisch kalenderkranke Menschen, die aus der Zeit gefallen sind. Und zwar aus jener Zeit, mit der wir dauernd ein gravierendes Problem haben. Hast du zum Beispiel kein Ding, kein App am Eifon und keinen Fäißbuck und willst aber dennoch mit jemandem, ausnahmsweise von Mund zu Ohr, in Kontakt treten, raunt dir der Jemand oder die Jemandin im Vorbeihuschen zu »Ka Zeit! Dermine, Hermine! Geschäfte, Projekte, Visionen!« Oder es stöhnt der Stammtisch-Kamerad »Ein Wahnsinn, wäi die Zeit vergeht!«, und der Nachbar schiebt, im Davonlaufen begriffen, Mitte Oktober noch gschwind nach »Edz is es Jahr braggdisch scho widder rum«.

Schon seit langer Zeit bemüht sich auch die Wissenschaft um die immer kürzer werdende Zeit und hat entdeckt: Die Zeit birgt, seit sich Menschen um sie kümmern, eine Psychologie in sich, dahingehend, dass eine schöne Zeit schnell vergeht, eine unschöne Zeit dagegen sehr langsam. Für diese sehr tiefschlürfende Erkenntnis hätte ich jetzt, der baldige Gründer der Gemächlichkeitspartei, keine Wissenschaft gebraucht. Ich hab auch so gewusst, dass die Minuten und Stunden auf der Schulbank, wiewohl kultusministeriell ganz genau festgelegt, nie vergehen, die sechs Wochen Sommerferien aber schnell und blitzartig. Und dass wir uns es im Grunde genommen selber einbrocken: im Oktober Weihnachten beim *Butlers*, am Heiligen Abend Silvester, an Silvester Ostern, an Ostern Pfingsten, an Pfingsten die neuen Kalender fürs nächste Jahr und im nächsten Jahr alles wieder ein bisschen straffer, sodass wir vielleicht bereits im Februar winseln: »Allmächd! Scho Februar, und bam *Butlers* gibt's nu kanne Grisbaim!«

Und zum schon erwähnten Weihnachtswetter von 27,5 Grad Celsius über Null am vergangenen Abfenz-

Freitag wäre nur noch zu sagen, dass wir uns da keine Gedanken machen müssen, es hängt mit der Erderwärmung zusammen, die es laut dem bekannten Gastro-Physiker Donald Trump nicht gibt, sich aber scheint's zu einer akuten Kopferwärmung entwickelt hat. Und wenn ich als Vorsitzender des VEG, des Vereins zur Erhaltung der Gemächlichkeit, in fünf Jahren Ministerpräsident von ganz Unter- und Oberbayern werde, dann kriegen der *Butlers* und der oder die Weihnachts-Wohlfahrt kostenlos einen Kalender, und zwar einen, auf dem der 15. Oktober auf einen 15. Oktober fällt.

Beleidigte Bratwürste

Vorläufig hab ich jetzt drei schlaflose Nächte hinter mir, und nach Lage der Dinge werden viele weitere folgen. In mir kribbelt es wie in einem Ameisenhaufen, Blutdruck 250, Haarspitzenkatarrh, Schreibfingerdiphterie, Nervendünnpfiff, Angstschweißausbrüche, Zwerchfellerschütterung höchsten Grades, Schnappatmung, mit einem, beziehungsweise drei Worten: mental und medizinal der volle Horror! Und zwar Folgendes: In unserer altehrwürdigen Subkulturhauptstadt herrscht ja seit Menschengedenken die Bratwurst-Monarchie in Gestalt zweier Potentaten – des Bratwurstkönigs Werner Behringer und des Bratwurstkaisers Uli Hoeneß. Ersterer hat noch nie eine Pressekonferenz veranstaltet, allenfalls dann und wann eine sehr schöne Presssack-Konferenz, Letzterer sehr häufig.

Erst am vergangenen Freitag hat der Nürnberger Bratwurstkaiser wieder so ein kniefälliges Verkündigungs-Viertelstündchen einberufen und feierlich bekannt gegeben, dass hinfort eine respektlose Berichterstattung seitens uns Berufs-Schmierfinken nicht mehr stattfindet. Sein Kompagnon, Ihro Durchlaucht Karlheinz von Rummenigge, hat zur Verdeutlichung des ab sofort in Kraft tretenden Respekt- und Rücksichtsgebots auch auf das Deutsche Grundgesetz Artikel 1 verwiesen, der da lautet: Die Würde des FC Bayern München ist unantastbar. Und es ist mir bei dieser denkwürdigen Gelegenheit wie Schuppen von den zu Berge stehenden Haaren gefallen: Das neue Berichterstattungsreinheitsgebot gilt ja höchstwahrscheinlich nicht nur für den äußerst heiligen Vati- und Mamikan des Weltfußballs, den FC Bayern

München, sondern auch für die Nürnberger Rostbrat-wurst. Und wie oft hab ich auf dem Gebiet der berühm-ten Nürnberger Essenswürdigkeiten schon den geboten-en Respekt, Einfühlsamkeit, Hingabe oder frenetischen Jubel vermissen lassen!

Einmal hab ich, die Unantastbarkeit der Würde der Nürnberger Rostbratwurst völlig außer Acht lassend, gemutmaßt, in der einen oder anderen Bratwurst befände sich ein – wenn auch kleiner – Anteil Sägspäne oder gar Wasser! Ein anderes Mal habe ich mich in absurder Unkenntnis der Tatsachen zu der wahnwitzigen Äußerung verstiegen, 3 Euro 50 für Drei im Weggla seien eine exor-bitant horrende Wucherpreisgestaltung! Und der Höhe-punkt meiner rücksichtslosen Entgleisungen, fast schäme ich mich jetzt, es mittels meiner Worschdfinger hinzu-schreiben: Ich habe wunderbar verbrannte Bratwürste allen Ernstes als Mini-Briketts oder Hulzkulln bezeichnet!

Natürlich ist es jetzt bei jener Pressekonferenz am letz-ten Freitag im Fußball-Vatikan seitens der beiden Moral-päpste Hoeneß und Rummenigge vordergründig nicht um Bratwürste oder Briketts gegangen, sondern um eine geziemende Würdigung des sowieso würdevollen Fuß-balls des FC Bayern München und um die Sanktionen bei Nichteinhaltung der grundgesetzlich geschützten Hin-schreibvorschriften. Aber Fußball und Bratwurst kann, muss man in diesem Fall ohne Weiteres gleichsetzen, denn wer heute Boateng oder Hummels, wie tatsächlich geschehen, als Altherrenfußballer tödlich beleidigt, der schreibt doch morgen ohne jeglichen Respekt vor der Würde der Nürnberger Metzgerkultur die Bratwurst in Grund und Boden und in den Abfalleimer.

Das muss man sich einmal bildlich vorstellen: Zwei alte Stadion-Heroen der gemächlicheren Art als Altherrenfußballer brachial niedermachen – da hört der Spaß fei auf und beginnt der 3. Weltkrieg, oder so ähnlich. Und jetzt haben wir unsern Dreeg, wir Tastatur-Zuuzler, Grundgesetz-Ignoranten und Lügen-Presssäcke: Ihre Hoheiten, der Hoeneß und der Rummenigge, nehmen es nicht mehr hin. Dieser vergangene Freitag, haben sie verkündigt, »ist ein wichtiger Tag, weil wir mitteilen, dass wir es uns nicht mehr gefallen lassen.« Und wir kriegen demnächst Post vom Anwalt, die sich, ähnlich wie manchmal ein Geld, gewaschen hat. Und wenn wir noch einmal schreiben, dass in der Nürnberger Rostbratwurst Sägspäne drin sind oder ein Wasser und dass der Hummels und der Boateng einen Altherrenfußball zelebrieren, dann könnte es vor dem Bundesverfassungsgericht blöd für uns ausgehen.

Und drum hab ich jetzt, wie eingangs erwähnt, ein chronisches Muffnsausn, dass mir Tag und Nacht die Düse klappert. Weil ich, manchmal fast notorisch, gegen beides mehrfach verstoßen hab: gegen die Würde der Nürnberger Rostbratwurst und gegen die Würde der fußballspielenden Multimillionäre. Gott schütze mich! Und Gott ist in diesem Fall höchstwahrscheinlich Herr Uli Hoeneß. Dazu muss man wissen, dass es ein altrömisches Sprichwort gibt, welches auf Lateinisch lautet: »Quod licet Jovi, non licet bovi.« Auf Deutsch: Was dem (obersten Gott) Jupiter erlaubt ist, ist dem Ochsen nicht erlaubt. Die Ochsen sind in dem Fall wir, die wir möglichst täglich schreiben, senden und facebooken sollen: Ehre sei Hoeneß und Rummenigge in der Höhe und uns Ochsen ein Wohlgefallen. Und wenn ein Uli Hoeneß dann und wann launig vom Berg Sinai herab vermeldet, dass ein Mesut Özil seit Jahren einen Dreck gespielt hat, ein Juan Bernat gar einen Scheißdreck, dass ein Karim Bellarabi geisteskrank ist oder ein Louis van Gaal menschlich eine Katastrophe und ein Lothar Matthäus beim Weltall-Champion FC Bayern München niemals nix wird, nicht einmal Greenkeeper im Stadion, also eine Art Platzwart, dann sind das allmächtige, göttliche Äußerungen vom Jupiter persönlich, die wir gewöhnlichen Ochsen niemals in den Mund nehmen dürfen. Sonst kriegen wir Post vom Anwalt. Amen. Noch heute melde ich mich an der Erfolgshochschule Nürnberg an, für einen Kurs in Kalligrafie, auf deutsch Schönschreiben. Vielleicht komm ich doch mit einem blauen Schreibfinger davon.

Culture main city (Nämberch) English spoken

Vor Hineinvertiefung in den jetzt gleich folgenden multi-linguistischen 150-Zeiler, attention please (Obacht, gell)! Denn die gleich anfänglich in ihm enthaltene selfinsult (Selbstverarsche) unterliegt urgently (dringlichst) der highest secretholding (höchsten Geheimhaltung). Und zwar bin ich wahrscheinlich das größte, einigermaßen zweibeinige Rimbfiech dieser Stadt, also jenes Gemeinwesens, das sich anschickt, im Jahr 2025 als neuer Stern am eurobäischen Kuldurschimmel hinaus in die unermesslichen Weiten des Universums zu strahlen. Und ich Depp darf nicht mitstrahlen! Indem ich nämlich 1. nicht gewusst hab, was ein N2025 Open Call ist, und 2. infolge meiner Doofheit an ihm, dem N2025 Open Call, nicht teilgenomen hab. Jetzt ist mir aber neulich ein Schreiben aus dem Rathaus zugespielt worden, und seither weiß ich Bescheid. Aber sorrily too late, leider zu spät.

In ihm, dem Schreiben, steht drin, dass jener N2025 Open Call sehr zufriedenstellend über die Bühne gegangen ist. Und die PIN Number N2025 bedeutet, dass N, also Nuremberg oder auch Nürnberg, im Jahr 2025 under circumstances (unter Umständen) europäische Kulturhauptstadt wird. Und open call is ein öffentlicher Aufruf. Ihm, dem open call, hätte ich Folge leisten sollen im Rahmen der vorgegebenen Themenbereiche, welche auf gut Nürnbergerisch wie folgt lauten, wörtlich: embracing humanity, exploring reality und evolving community. Ja, da schaust edzer, gell, was es in Nuremberg demnächst everything gives. Am main market after the little-man-walking (nach dem Männleinlaufen) hab ich einen fuß-

und weitläufigen Bekannten gefragt, ob er perhaps weiß, was das sein soll: embracing humanity, exploring reality and evolving community. Er hat mich nach längerer, eindringlicher Musterung abschlägig beschieden und mir für meine weiteren sprachlichen Erkundigungen noch good luck gewünscht. Wahrscheinlich hat er mit dem good luck aber nur seiner Abscheu Ausdruck verleihen wollen und gemutmaßt, ich habe bereits mittags kurz nach zwölf einen good luck, einen ziemlich guten Lack im Gesicht. Dabei hätte ich nur meinen Wissensdurst stillen wollen.

Dank des Geheimschreibens aus dem Rathaus ist dieser Durst inzwischen aber gelöscht, es ist mir betreffs der embracing humanity, exploring reality und evolving community jetzt vollkommen gewärtig, dass ich lediglich jenem open call, wie erwähnt, einen recall callen hätte sollen, dergestalt, dass Nuremberg infolge größtartiger, demnächst noch zu evolvierender oder sinnstiftender embracender Leistungen im Jahr 2025 europäische Kulturhauptstadt wird.

Der recall wäre mit 5.000 Euro honoriert worden, die ich Heuchdl childrenlight (kinderleicht) einstreichen hätte können. Denn ich hätte naturally gecalled, dass Nuremberg not only für seine Broadwerschd, Lebkoung, Budznscheim und headstoneplaster (Kopfsteinpflaster) weltberühmt ist, sondern auch für seine Erfindungen. The first Eiserboo, the laughing sack (Lachsack), der die mouth corners (Mundwinkel) nach oben hievende Wäschzwicker haben hier schon ihr Wesen getrieben. An den Gestaden der sorgfältig dahinmumbfelnden Bengerz ist der erste coughing sweet (Hustenbombom) der Welt, erfunden von Dr. Soldan persönlich, geschnullt worden, hier hat der Faschingszug das Licht der Welt erblickt, hat der größte zusammenhängende meatballoon (Fleisch-badzn), das Schäufala, seinen victory-train (Siegeszug) durch die fränkischen dining tubes (Speiseröhren) angetreten.

Was ist hier noch alles zum ersten Mal in den viewpoint bzw. Blickpunkt einer erstaunten Menschheit getreten? Unter anderem die in keine Tasche passende Taschenuhr von Peter Chicken (also: Henlein), das im Nürnberger Vorort München ausgestellte wandering selfie (Wanderselbstbildnis) von Albrecht Dürer, die stets vom 1. bis 24. Dezember betrinkbare längste Glühweintheke des Kontinents zu Füßen der lady's church (Frauenkirche), auch Männleinsaufen genannt, worldwide das einzige weibliche Christkind, der erste Fahrradhaltergriff an Verkehrsampeln (in Planung), das trockenste Volksbad des Planeten, ohne Wasser, ohne Volk, die fahrerloseste U-Bahn in Tateinheit mit der regelmäßigsten und pünktlichsten Fahrpreiserhöhung, der größte Kanadagänse-Abort der westlichen Hemisphäre, inzwischen auch als songwell (Liedgut) im Internet fromcallable (abrufbar) mit dem schönen Refrain »Am Wörzger blüh'n wieder die Algen«. Und nicht zu vergessen: durch die Aufschüttung majestätischer Wanderdünen anlässlich des 2005 urkundlich erstmals erwähnten Red Bull District Ride (Rotes Rimbfiech Bezirksritt) die größte Verdünisierung der Nürnberger Altstadt.

Possiblewise (möglicherweise) kennt man diese und noch unzählige andere hiesige, throughout (durchaus) der Kultur zuzurechnenden Erfindungen im mehrsprachigen Nürnberger Quiz-House (Rathaus), aber trueshines (wahrscheins) nicht bei der zuständigen europäischen Kulturhauptstadtvergabekommission, sodass es wherepossible (womöglich) dann im Jahr 2025 mit dem

1. Preis bei der Vergabe des sehr kostbaren Titels nothing (nix) wird. Bloß weil ich Doldy beim N2025 open call geschlafen hab! Aber wenn es wirklich schlecht out goes (nausgeht), dann sollen wir uns on no case (auf keinen Fall) grämen; denn bis dahin sind es ja noch ungefähr 80 Millionen Euro Kosten und sieben Jahre. Und mit dem schönen Geld und der langen Zeit kann ich bestimmt im Rahmen hochwertiger after help hours (Nachhilfestunden) perfectly Englisch lernen und weiß dann bei Tag und bei Nacht praktisch on button pressure (auf Knopfdruck), was das ist: Open Call, embracing humanity, exploring reality and evolving community. Falls ich es over head (überhaupt) wissen will.

Graffiti auf Granit

Gott sei Dank quält mich meistens nix und niemand, höchstens dann und wann einmal ein der sofortigen Löschung harrender Durst. Aber seit gestern quält mich eine Frage nahezu tantalus-artig, und zwar: Was ist los mit der Nürnberger Stadtkasse, von der ich bisher immer dahingehend informiert war, dass sie deutlich weniger als nichts enthält, also ungefähr zwei Milliarden Miese? Und jetzt? Ist das gähnend überleere städtische Zigarrnkistla von einem Geld-Tsunami geflutet worden, hat der Harry Riedel, unser Kämmerer, im Lotto gewonnen oder hat der Söder aus Versehen sein landesväterliches, der Stadt Nürnberg schon öfter sehr geneigtes Füllhorn im Rathaus liegen lassen? Weil Folgendes: Seit Jahren erschüttern gravierende Diskussionen die Stadt bezüglich einer sorgfältigen Restaurierung und Entbröckelung eines ansehnlichen Steinhaufens gleich hinterm Dutzendteich, auch Zeppelintribüne genannt. Wie man weiß, fällt sie in Bälde um oder kracht zamm, es sei denn man hat 70 oder 80 oder vielleicht auch 100 Millionen Euro übrig, um sie wieder aufzumörteln. Mit minus zwei Milliarden Euro ein schwer zu lösendes Unterfangen, oder?

Aber ob Sie es jetzt glauben oder nicht: Neulich, höchstwahrscheinlich mitten in einer mondlosen Nacht und infolgedessen von jedweder Öffentlichkeit unbemerkt, haben einige städtische Bedienstete heimlich, still und leise mit den Instandsetzungsarbeiten des auch Nazi-Tribüne genannten, ursprünglich mit einem Haltbarkeitszertifikat von tausend Jahren versehenen Bauwerks begonnen – in Höhe der einstigen Adolf Schicklgruber-Gedächtniskanzel, an der dahinter befindlichen

Granitwand. Dort haben bislang unbekannte Graffiteure im Juli dieses Jahres mutmaßlich ebenfalls im Schutz der Nacht zwei Inschriften angebracht, die ich seinerzeit verhältnismäßig schonungslos gegeißelt habe. Links von der Schicklgruber-Kanzel ist damals gestanden »Nie wieder Krieg«, rechts »Nie wieder NSU«.

Inhalt und tiefere Bedeutung des Wortes »Krieg« ist einigermaßen bekannt, bei »NSU« handelt es sich (wie bereits berichtet) mitnichten um eine ehemalige, auch am dortigen Norisring gut bekannte Motorradmarke, sondern um den Nationalsozialistischen Untergrund. Das städtische Allzweck-Unternehmen SÖR hat damals bekannt gegeben, man werde die beiden schriftlichen Appelle »in der nächsten Woche« fachkundig entfernen. Nächste Wochen – das weiß jeder, der sich mit der Zeit ein bisschen auskennt – nächste Wochen kommen und gehen und münden wieder und immer wieder in erneute nächste Wochen, sodass die zwei Forderungen »Nie wieder Krieg« und »Nie wieder NSU« bereits an die fünfzehn nächste Wochen überstanden und, wie man sich denken kann, zur weiteren Baufälligkeit der Nazitribüne massiv beigetragen haben.

Und da haben das Hochbauamt oder der Kämmerer oder gar der Oberbürgermeister es nicht mehr mit anschauen können und in den erwähnten, wie auch immer entstandenen Geldschatz gegriffen, 2 Euro 95 für eine Familienflasche Meister Proper abgezweigt und die Inschriften der vollkommenen Unkenntlichkeit zugeführt. Dabei hat es aber das ausführende Organ SÖR (Servicebetriebe Öffentliches Radieren) keineswegs bewenden lassen. Mit weiteren finanziellen Zuwendungen in Höhe von 19,95 pro Kübel haben die Übertüncher ca. 50 Liter Alpina-Weiß und Zartrosa beim OBI in der

Regensburger Straße organisiert und zahlreiche, von den Buchstaben schwer geätzte Granitfurnierplatten sorgfältigst überpinselt. Natürlich mit dem Hintergedanken, dass diese bekanntlich sehr zähen und haftbaren Farben die bepinselten Platten ähnlich fest zusammenhalten wie Tapeten ein altes, baufälliges Haus. Folglich ist nunmehr ein durchaus beachtlicher Teil der Nazi-Tribüne durchaus preiswert restauriert, sodass man weiteren tausend Jahren sehr gelassen entgegenblicken kann. Und zusätzlich haben die Servicebetriebe Öffentliches Radieren mit ihrem Pinseleinfall der Stadt Nürnberg noch einen weiteren nicht zu unterschätzenden erzieherischen Dienst erwiesen. Man führe sich nur vor Augen, so man welche hat, dass dieser jetzt wenigstens teilrestaurierte Steinbruch jährlich von Hunderttausenden von Besuchern teils besichtigt, teils auch inbrünstig verehrt wird; von weiteren Hunderttausend Motorsportfreunden des Norisring-Rennens ganz zu schweigen. Und es müssten also wahre Heerscharen – wären neulich die Einfallspinsel nicht tätig geworden – ständig lesen: »Nie wieder Krieg« und »Nie wieder NSU«. Eines Tages wären es vielleicht Millionen und Abermillionen, in deren Gemüt und womöglich auch noch Hirn sich diese beiden Sätze förmlich hineinbohren, sodass sie auf einmal überzeugt sind, es wäre bei uns und im Rest der Welt ohne nationalsozialistischen Untergrund und ohne Krieg irgendwie ein bisschen schöner, lebenswerter. Und der Schreiber jener Zeilen habe eventuell recht. Ja, wo kämen wir denn da hin?! Habe ich jetzt auch einen guten, im städtischen Graffiti-Wesen einigermaßen bewanderten Freund gefragt: Wo kämen wir da hin? »Am besten«, hat er geantwortet, »käme man noch einmal zum Dutzendteich hin, am kommenden Mittwoch, 7. November.« Da sei nämlich wieder einmal Neumond und es herrsche da draußen in der Nazi-Wüste dann eine zufriedenstellende Finsternis, sodass man es auf den inzwischen Alpin-Weiß und Zartrosa bemalten Bruchsteinplatten sehr schön lesen könne, wenn man es wieder hinschreibt: »Nie wieder Krieg« und »Nie wieder NSU«. Ja, hab ich mir gedacht, so sollte man es machen.

Bombom-Bittgang an Allerheiligen

Jetzt ist sie schon nicht mehr aufzuhalten, die teils gnaden-reiche, teils sogenannte stade Zeit: Letzte Woche Martin Luthers Transformationsfest, Allerheiligen, Halloween, Allerseelen, Allersberg, und gestern Bulzermärddl. Nur noch zwei Wochen, und schon öffnet er wieder seine Kehlen, der weltberühmte Nürnberger Glühwein-Ballermann vor der Frauenkirche. Weil ich soeben, warum auch immer, zwei ziemlich berüchtigte Wörter hingeschrieben hab, Halloween und Bulzermärddl, da ist mir noch in den Sinn gekommen, dass die dann und wann außerordentlich christliche Kirche zu beiden Festtagen ein sehr unterschiedliches Verhältnis hat. Allerdings ist es mit der jeweiligen Zuordnung schon ein Kreuz.

An jenem Halloween sind letzte Woche wieder, nach altem Brauch des Haribo-Konzerns, bunt bemalte oder in Designer-Bettlaken gehüllte Kindlein durch die Straßen lustwandelt, haben in den hiesigen Gässlein einen gut organisierten Glockensturm durchgeführt und sind sodann, mit dem Sprüchlein »Süßes oder Saures« auf den Lippen, einiger allerheiliger Schokoriegel, Husten- oder Kaubombom und Gummibärla teilhaftig geworden. Unter mildernden Umständen hat man seinen Tribut an den Heiligen Halloween aber auch in Form unserer höchsten Gottheit, des Allerheiligsten Mammon, Tribut zollen können. Zwei, drei Euro in den Klingelbeutel, und die Bombom-Fahnder sind zufrieden weitergezogen. Soweit der Halloween.

Gestern aber beim Bulzermärddl, nördlich unseres Sprachraums auch Pelzmärtel genannt mit hartem B und D und scharfem Z oder Sankt Martin – tote Hose, toter

Klingelbeutel. Das schöne Fest zu Ehren des teilweise erfundenen Bischofs von Tours namens Martin findet fast überhaupts nicht mehr statt. Wir antiken Gestalten aus jenen Zeiten, wo es scheint's eine christliche Barmherzigkeit gegeben hat, wissen aber noch von ihm.

Bereits drei, vier Wochen vor Erscheinen des Bulzermärddl hat man damals gut daran getan, keine Fensterscheiben oder Gaslaternen mittels kleinen, steinernen Faustkeilen zu zerdeppern, keine Fuchzgerla mehr aus dem elterlichen Portmonnaie in den eigenen Besitz zu überführen, keine hauseigenen Hühner mehr zu dredzn, indem man ihnen einige mit heiligem Zwetschgengeist getränkte Brotbröggala zum alsbaldigen Verzehr dargereicht und dadurch erstmalig in seinem jungen Dasein beim Gackern lallende, durch den Gmüsgarten taumelnde, also volltrunkene Henner gesehen hat. Ob sie, die zu Schnapsdrosseln mutierten Hühner anschließend auch Kognakeier gelegt haben, entzieht sich meiner sowieso dunklen Erinnerung.

Jedenfalls – bei solchen und vielleicht sogar noch schlimmeren Todsünden – hat es nach den handelsüblichen Drümmer Schelln immer noch geheißen: »Saubou! Wardd ner, wenn der Bulzer kummd!« Die Novembertage sind dann wie im Fluch vergangen, und auf einmal war er da, der schon mehrfach und düster angedrohte 11. November. Jetzt war jegliches Gebet, jegliches Gelübde, hinfort nur noch Gutes zu tun, vergeblich. Immer zwischen Duster und Siggsdminedd hat ein Brüllen und Poltern und herz- und seelenzerreißendes Glockengebimmel das Treppenhaus erfüllt, ist eine Horrorgestalt bestehend aus einem Holzwollenbart, Kaffeekannenwärmermütze, Kunstpelzmantel, Reisigbesen, Kartoffelsack und alten Militärstiefeln vor dir gestanden, hat aus einem schwarzen Buch wie durch ein Wunder alle deine Verfehlungen von den alkoholvergifteten Hühnern über den Fuchzgerlas-Raubzug bis zur eigenhändig erzeugten Gaslaternenfinsternis akribisch genau vorgetragen und sodann mit dem dir irgendwie bekannt vorkommenden Reisigbesen unter beifallnickender Anteilnahme der Familie den Hintern verdroschen. Und das Beste ist auch hier zum Schluss gekommen: Die fest versprochene Aussicht, dass du entweder demnächst auf dem leider sehr schmalen Pfad der Tugend wandelst, oder, wenn nicht, dann steckt er, der Bulzer, dich in den Sack, schleift dich in den finsteren Wald, und dann wirst du schon sehen, wo du hinkommst. Auf keinen Fall in den Himmel. Abschließend, wahrscheinlich auch als Abstrafung gedacht, gab es einen harten, vollkommen unbeißbaren Apfel, zwei bis drei g'schissne Walnüss und das feste Versprechen, dass er dich nächstes Jahr wieder heimsucht, der allmächtige Kinderschreck, der Fürst des finsteren Waldes, der Bischof mit dem Reisigbesen-Stab und der Kaffeekannenwärmer-Mitra. Erst Jahre später, zu spät, haben wir eruiert, dass es sich bei ihm um den Untermieter aus dem zweiten Stock handelte.

In der großen Freude anlässlich der Erinnerung an diese schönen Zeiten hab ich jetzt fast vergessen, was ich eigentlich hinschreiben hab wollen: ebenfalls sehr heilige Worte, die vor einiger Zeit der Bamberger Erzbischof gewissermaßen ex cathedra, also von ganz oben nach ganz untern verkündigt hat. Diese Worte lauten: »Es ist unverständlich und pervers, dass sich Menschen entstellen und ihre Mitmenschen erschrecken, ihnen Leid antun, ihnen an Leib und Seele Schaden zufügen.« Mit der Perversität hat er den Halloween gemeint, den erwähnten Bombom-Bittgang an Allerheiligen. Dass das

Gleiche ohne Weiteres auch für den Bulzermärddl gilt und womöglich sogar für die Tausende, mutmaßlich auch Zehntausende oder Hunderttausende oder noch mehr wegen Verjährung für die nicht mehr nachweisbaren Missbrauchsfälle an Kindern durch Priester und andere kirchliche Scheinheilige – das hat der Erzbischof nicht gesagt. Wahrscheins vergessen, oder sein Gedächtnis ist auch verjährt.

NoVember No Fun

Ein von mir vor sehr langer Zeit und tiefstpersönlich erdachtes Bonmot zum Thema Trostlosigkeit im Spätherbst lautet folgendermaßen: »NoVember No Fun«. Es hat uns damals, wie noch keinerlei Evente aller Art den finstersten Monat November erhellt haben, sagen wollen, dass wir in den vier Wochen zwischen Oktober und Dezember 1. in uns gehen und 2. uns jeglichem Fun abhold erweisen sollen. NoVember No Fun, jenes Wort wahrlich Lichtenbergischen Formats (Georg Christoph Lichtenberg 1742–1799, Naturforscher und Haupterwerbsaphoristiker) – das ist inzwischen leichter hingeschrieben als getan.

Schon werden da und dort die Glühweinsirupbottiche geflutet, rollern Adventskränzlein durch die Stadt, schweben über unseren Häuptern grün eingefärbte Plastikenglein und Grismäs-Girlanden, bevölkern Tausende von Santa Claus die Showfenster in der Karolinen-, König- oder Kaiserstreet und schalmeien uns zu »„Lobt Geld, ihr Christen alle gleich, in seinem höchsten Thron, der heut schleust auf sein Portemonnaie und schenkt uns seinen Lohn«. Oder so ähnlich. Also Fun ohne Ende, mitten im NoVember. Wer will sich da ausschließen? Ich jedenfalls nicht, und so habe ich mir neulich auch einen Fun gegönnt, zugegeben einen leicht absonderlichen. Wir, einer meiner Söhne und ich, haben infolge der laut Donald dem Doofen nicht existierenden Erderwärmung den Beschluss gefasst, uns mitten im warmen Spätherbst in je ein Paddelboot zu zwängen und gemäß der altrömischen Anweisung »navigare necesse est« (Schiffen ist notwendig) die Bengerz zwischen Nürnberg und Fürth zu befahren.

Jetzt nur für den Fall, dass Sie unserem seltsamen Beispiel folgen und dieser Tage auch einmal der städtischen Unstadheit nautisch entrinnen möchten: Es ist sehr schön, sehr still und sehr einfach. Am Lederersteg zwischen den sorgfältig verfeindeten Stadtvierteln Johannis und Gostenhof steigt man ein, passiert das zügig verfaulende Wasserrad und zwei bis drei verhältnismäßig langsame sogenannte Stromschnellen, hält sich bei den linksseitigen Zuflüssen aus der nahen Kläranlage die Nase zu und nähert sich schon der Stadtgrenze. (Bitte etwas Geduld, zum eigentlichen Thema Grismäs etc. komm ich gleich wieder zurück.)

Zunächst einmal mäandert die Bengerz ein bisschen, bildet märchenhafte Inseln, zwei breite Brücken wölben sich zum kathedralen Dach für Obdachlose, und die Nebel wallen nicht nur, sie steigen im Lauf des Tages auch auf. Die letzten Blättlein bambeln im Wind, im Fuchsloch scheint schon die Sonne, zahlreiche Hunde verrichten an den Ufern ihre dringlichsten Geschäfte. Mit vielleicht 120 Stundenzentimetern nähern wir uns ohne Weiteres der ebenfalls sorgfältig verfeindeten Stadt Fürth, gleiten am Stadtpark vorbei, steigen oben am Wehr der Wolfsgrubermühle aus und unten wieder ein, nehmen eine Zigarettenlänge Frischluft zu uns – und plötzlich, mitten im beschaulichen November-Fun, Alarmstufe 1: ohrenbetäubender Lärm, erregtes Kreischen, vorweihnachtliches Scheppern, Knallen und Schallen!

Unsere vor Entsetzen geweiteten Augen einschließlich mathematischer Bemühungen im Kopf zählen hundert, zweihundert oder dreihundert (genauere Feststellungen sind in der Eile nicht möglich), Obacht, jetzt kommt's: also hundert, zweihundert oder dreihundert Kanadagänse! Und unwillkürlich schießt es uns durch den schon erwähnten Kopf: »Hom's die Färdder nu alle?!« Dreihundert aufgescheuchte Kanadagänse wirbeln, flattern, brüllen mit mindestens hundertfünfzig Dezibel düsenjägerartig über uns hinweg, wie wenn es das Natürlichste von der Welt wär!

Womöglich erinnert sich ja noch wer: Über ein Vierteljahr lang ist die gans früher vollkommen kanadagansfreie Stadt Nürnberg heuer im Sommer durch die Kanadagans-Pest am Wöhrdersee förmlich durchgeschüttelt worden, sind beim ersten Büchsenlicht Schüsse durch Wöhrd gepeitscht, sind Shit-Storme, also Scheißdreeg-Orkane aller Art und Morddrohungen teils gegen Gänse, teils gegen den Bürgermeister Vogel veranstaltet worden, haben die digitalen Drähte Fäißbuck, Twitter, Google oder Instagram nur so geglüht vor Wörtern, die man hier beim besten Willen nicht abdrucken kann, sind die Wöhrder und deren Anrainer knietief im Kanadagänsdreeg gewatet. Und in Fürth, der offensichtlichen Brutstätte der Kanadagans? Nix!

Da warten diese Viecher arglistig hinter einer Bengerzbiegung und terrorisieren zwei harmlose Bootfahrer, und von der Stadt Fürth hörst du keinerlei Wehklagen, keine Aufrufe zur baldigen Vergrämung der amphibischen Unholde, keine Schießbefehle, keine tiefschlürfenden, erregten Stammtischgespräche! Das kann man doch nicht machen – tun, wie wenn nix wär! Wo es doch im Internet Millionen und Abermillionen Einträge zum Thema Kanadagans gibt! Einer davon, verfasst von einer gewissen Melanie, schildert ausführlichst, wie man mit einer Kanadagans verfahren soll: »Zunächst habe ich eine Buttermilchbeize hergestellt aus Buttermilch, Pfefferkörnern, Wacholderbeeren, Orangenscheiben, Apfelessig und Honig und habe die Kanadagans dann für zwei Tage eingelegt …« Anschließend gewaschen (die Gans), mit Dörrobst gefüllt, gesalzen, gepfeffert, dann bei 80 Grad Celsius sechseinhalb Stunden in die Röhre, danach noch einmal eine halbe Stunde bei 200 Grad Celsius. Und das abschließende Urteil der Kanadagansköchin: »Das Fleisch zart und saftig, eine wahre Delikatesse!« Wieder zurück zu unserer Kajak-Tour auf der Bengerz. Wie wir ein paar Kilometer hinter Fürth, in Vach, ausgestiegen sind, haben wir uns gedacht, so wie in Fürth könnte man es durchaus machen: statt viel Lärm um nix lieber gleich nix und demnächst am 1. Weihnachtsfeiertag ein Kanadagänsla in die Röhre schieben. Aber vorher das Halsumdrehen und die Buttermilchbeize nicht vergessen, gell.

Die Renaissance von 1957

Laut Heraklit, Erfinder der fast gleichnamigen Platten, kann man nicht zweimal in denselben Fluss steigen. Und was fürs Wasser gilt, muss man natürlich auch beim Papier beherzigen, sodass man auf es, das Papier, nie zweimal über das selbe Vorkommnis schreiben kann. Aber jetzt geht es nicht anders mehr, denn es ist schon wieder Aufruhr in des ehemaligen Deutschen Reiches Schwatzkästlein, also Nürnberg, wo seit einigen Jahren ein sogenanntes Pellerhaus am Egidienberg in alter Pracht wiedererstehen soll, in alter Pracht keinesfalls wiedererstehen soll, alles so bleiben soll, wie es ist, nix so bleiben, wie es ist, oder wie oder warum oder wann oder wer weiß was Genaueres? Was wir alle aber genau wissen, ist, dass die Nürnberger Altstadt Altstadt heißt und dass ihre guten Freunde die Nürnberger Altstadtfreunde e.V. sind, die im Lauf der letzten Jahre dieses Pellerhaus in den ursprünglichen Zustand des Baujahres 1605 versetzt haben. Allerdings nur innen; der äußere ursprüngliche Zustand geht auf das Jahr 1957 zurück.

Falls jetzt wer im Kunstgeschichtsunterricht beim Oberstudienrat Kugler aufgepasst hat, was ich von mir wahrlich nicht behaupten kann, der ahnt: 1605 ist gerade noch ungefähr Renaissance, während 1957 eher Nihilance ist, auf Deutsch: nix. Nix ist oft denkmalgeschützt, so auch das zwar immer noch Pellerhaus heißende, jedoch von außen nie und nimmer Pellerhaus seiende Gebäude. Und jetzt ist aber vollkommen klar: Wer, wie die Altstadtfreunde, das Pellerhaus nicht nur innen, sondern neuerdingsbums auch außen renaissancieren möchte, der hat ohne jeden Zweifel einen archen Architekturbadscher. Sagt der Baureferent Ulrich, sagt ein bisschen auch der Oberbürgermeister, sagen jene Angehörige und Angehöriginnen des Stadtrats, die beim Professor Kugler aufgepasst haben wie die Luchse und die Luchsinnen, sagen auch die Verfechter und Verfechterinnen von schönen Tonnengewölbchen. Wie man sich denken kann, hat man seinerzeit, 1957, auf das Nicht-Pellerhaus einige – im Ganzen sieben – Tonnengewölbchen kunstvoll draufgebflaadschd. Praktisch die Krönung des Egidienbergs.

Wenn man jetzt halbwegs einen oder gar zwei graue Stare hat oder nach dem Motto »Ein blindes Huhn trinkt auch einmal einen Korn« auf jenen Egidienberg hinaufschwankt, so ist der Anblick wie oft bei einem Berg sehr erhebend, vor allem aber sehr schön. Man sieht dort veilchendufthaltige Hunde-Aborte in Form von 3 bis 5 Krüppellinden, 1 Melanchthon, 1 Kaiser Wilhelm Nummer eins, die Egidienkirche, ca. 10 BMW, an die 12 Audi, 3 Mitsubishi, 15 VW, 1 Honda Civic, 24 Mercedesse, 1 Ford Transit, 2 Skoda, 1 Kia, 1 Porsche Cayenne und, wie schon erwähnt, als Krönung 7 denkmalgeschützte Tonnengewölbchen.

Neulich hat sich der Baureferent Ulrich folgendermaßen zur buchstäblich majestätischen Schönheit (der Altmetall-Kaiser hoch zu Rost!) des Egidienbergs geäußert: »Da wird nichts mehr verändert. Der Egidienberg ist fertig.« Somit bildet das Egidienbergviertel zusätzlich das einzige bauliche Wesen der Welt, das endgültig fertig ist, von jetzt an bis in alle Ewigkeit. Folglich wird aus dem in der Bombennacht des 2. Januar 1945 vollkommen geschredderten Pellerhaus niemals mehr ein Renaissance-Pellerhaus. Bis in alle Ewigkeit nicht – wenn es doch der Baureferent sagt.

Das sollen sich die Altstadtfreunde e. V. hinter die Ohren schreiben, obwohl man dort, hinter den Ohren, überhaupts nicht schreiben kann. Falls doch, so müsste hinter den Ohren der Altstadtfreunde jetzt geschrieben stehen: »Wir Altstadtfreunde mit unserem Hang zu einem renaissancenen Pellerhaus sind Depperla, Doldi und Fantasten.«

Aus dieser Selbsterkenntnis würde dann unter anderem folgen, dass auch einstige Nürnberger Baureferenten noch viel schlimmere Fantasten, Doldi und Depperla gewesen sind. Jene architektischen Gnall- und Volldeppen nämlich, die in den Jahren nach 1945 unter anderem folgende Baulichkeiten wieder aufgebaut haben: die Kaiserstallung, die Burg, die Sebalduskirche, die Lorenzkirche, die Jakobskirche, die Stadtmauer, den Laufertorturm, den Henkersteg, den Schuldturm, das Heilig-Geist-Spital, die Fleischbrücke, das Fleischhaus, die Jakobskirche, das Schürstabhaus, die Frauenkirche, die Mauthalle, den Handwerkerhof, die Häuser in der Weißgerbergasse, das Dürerplatzviertel – also um es ein bisschen abzukürzen: Ungefähr die ganze Altstadt haben diese hohlen Hirndobler und Bausünder damals aus den Millionen Tonnen Schutt so geformt, dass es danach fast wieder wie die Nürnberger Altstadt ausgeschaut hat. Und es erhebt sich da natürlich die Frage: Für wen? Leicht zu beantworten: 1. für die Katz und 2. für ein paar streunende Hund'. Denn wer will sich das schon die ganze Zeit anschauen – früh-, mittel- oder spätgotische Sandsteindinger, Türme, Mauern, Chörlein, Butzenscheibchen, Satteldächer, gebrauchte Riesenkirchen, Dürerhäuser, Henkerstege und so weiter? Wir Nürnberger jedenfalls nicht, und die jetzt dann gleich wieder in Millionenstärke einschwärmenden Fun-Touristen schon gleich gar nicht.

Die kunst- und glühweinsinnigen Ami, Chinesen, Japaner, oligarchischen Russen etc. strömen zuhauf nach Langwasser, um unter anderem die dort momentan rundzuerneuernden Hochhäuslein zu besichtigen, scharen sich um den aquariumartigen Anbau am leider damals nicht gänzlich wegbombardierten Künstlerhaus, reihen sich staunend ein in den täglich zweimal stattfindenden Dauerstau auf dem Frankenhellway zwischen Gibitzenhof und Schweinau, stehen ehrfürchtig vor diversen Speikästlein im Toskana-Stil in den südlichen Gefilden unserer Weltstadt, bestaunen das erhabene Allerlei unserer mannigfaltigen Gewerbegebiete und begeben sich schließlich, als Höhepunkt ihrer Nürnberg-Tortour, zum Egidienberg, um dortselbst den sieben Tonnengewölbchen staunenden, oft auch geschlossenen Auges ihre Ehrerbietung zu erweisen. Wer's glaubt, wird selig. Oder Ulrich.

Das wird jetzt wieder keinen Mensch und auch keine Menschin jucken, aber ich schreib's trotzdem hin: Ich glaub noch ans Christkind. Und nicht nur glaub ich an es, sondern ich weiß um seine Existenz, beziehungsweise ehemalige Existenz. Es hat in einer Zeit gelebt, in der der höchstintelligente Teil der irdischen Christenheit einen Merry Chrismas oder gar X-Mas, einen Santa Claus made by Coca Cola und Millionen und Abermillionen von Grinskistleins-Markets mit ihren jeweiligen Glühwein-königinnen noch nicht erfunden gehabt hat, jeweils mit Hilfe ihres vor Diplom-Betriebswirtschaftsleere fast bers-tenden Hirns. Jenes Christkind also aus Fleisch und Blut sowie einem Hüftleiden hat Emma Binder geheißen, ist nicht in Bethlehem auf die Welt gekommen, sondern ver-mutlich in Mögeldorf und hat in den Vierziger- und Fünf-zigerjahren des vergangenen Jahrhunderts in einer Art Behelfsgartenhäuschen in der Mögeldorfer Hauptstraße schöne Sachen verkauft: Tom-Prox- oder Billy-Jenkins-Heftla, Lore-Romane, Schnalz- und Einmachgummi, Briefbögen, Löschpapier, Schiefertafeln, Schulhefte, Dra-chenpapier, Drachenrundstäbe, Malzbonbons. Auch die in der Thusneldaschule für die 1. und 2. Klasse dringlich vorgeschriebene Cito-Fein-Feder zum Erlernen der blö-desten Schreibschrift des Weltalls, nämlich Sütterlin oder auch Deutsch genannt, haben wir, für zwei Pfennig das Stück, in der Binderi ihrem Alleswarenlädchen kaufen können.

Dass es sich bei ihr, der Binders Emma, eindeutig um das Christkind handelt – darüber hat bei mir seit einem sehr frostigen Novembertag, an dem man auf dem Kastnersweiher gleich hinter der Kirche schon hedscheln hat können, kein Zweifel bestanden, denn es hat sich an jenem 30. November Folgendes zugetragen: Nach der Anmahnung meinerseits, dass ich noch nirgends in der Wohnung einen Abfenzkalender (hochdeutsch: Adventskalender) entdecken kann, obwohl er doch schon morgen am 1. Dezember in Betrieb genommen werden muss mit seinen 24 Türchen und den wunderbaren Bildern dahinter, hat meine Mutter gesagt: »Den hol ich heut beim Christkind.« Heimlich, gut geschult von Erich Kästner, seinem Emil Tischbein und den Detektiven, bin ich ihr gefolgt. Und was haben meine Augen erspäht? Genau! Das Christkind in Gestalt der Emma Binder, wie sie aus dem hintersten Eck – mit dem Krückstock, wegen ihres Hüftleidens – einen Abfenzkalender geangelt, ihn der Mutter in Packpapier gewickelt und 1 Mark 20 dafür verlangt hat. Am andern Früh ist er bei uns an der Küchenwand gehängt. Begleitet von der mütterlichen Warnung, es dürfe unter keinen Umständen ein Türchen vor der Zeit geöffnet werden, sonst falle Weihnachten heuer aus.

An die Emma Binder und ihr Christkind-Dasein erinner ich mich heute noch sehr gern, aber: das Adventskalender-Business damals – rückblickend ein trostloser Grambf, null Auswahl! Es hat nur das eine Exemplar gegeben, jenes mit dem Schönen Brunnen drauf, der Frauen- und Sebalduskirche, dem Rathaus, der Krippe, ansonsten ein paar Buden und keine (!) Menschen, keine Glühweinleichen, keinerlei Millionen Ami, Japaner, Chinesen, nix! Gott und Griskindla sei Dank haben sich die Zeiten inzwischen unglaublich geändert. Geben S' einmal in Ihren onleinernen Polyhistor, Ihren Universalgelehrten Prof. Dr. Dr. Google das Wort »Adventskalender« ein! Und schon haben Sie 20.600.000 Einträge. In Worten: zwanzig Millionen sechshunderttausend! Da haben wir also nicht nur den 1. FCN- und SpVgg-Greuther-Fürth-Abfenzkalender, sondern, nur zum Beispiel, auch den Porno-Abfenzkalender mit einem Warenwert hinter den 24 Hosentürchen von sage und vibriere 740 Euro. Hinter ihm lauern bis zum Heiligen Abend unter anderem ein sogenanntes Modularsex-Set mit kombinierbarem G-Punkt-Vibrator und Penisring. Sodann gibt es den Fetisch-, Beauty-, Vegan-, Bier- oder Kaffee-Adventskalender, einen Adventskalender mit Abbildungen 24 verschiedener Eisbären oder den Adventskalender des Körperrenovierungsunternehmens Douglas, der allerdings nicht Adventskalender heißt, sondern Countdown-Calendar mit twenty four days. Alle zwanzig Millionen sechshunderttausend Adventskalender kann ich hier leider aus Platzgründen nicht aufführen, mit größter Hochachtung und wärmstens empfohlen sei aber auf jeden Fall noch der »Adventskalender für Foodies«. Er enthält, heißt es, »24 leckere Gewürzmischungen vom Bratkartoffel- bis hin zum Gemüsebrühegewürz«. Nicht zu vergessen den Saft-Adventskalender, der wie folgt angepriesen wird: »Hinter 24 Türchen verbergen sich 22 Fruchtsaftfläschchen sowie zwei Trinkgläser zum Nikolaus und einer 0,7-Liter-Bügelflasche mit naturtrübem Apfelsaft zum Heiligabend.« Und was lässt im Advent, so fragt ein tierlieber Kalenderdepp, »was lässt Pferdeherzen höher schlagen?« Sie werden es schon ahnen: Der Pferde-Adventskalender, welcher »pferdefreundliche Muffins aus Leinsamen, Bockshornklee und Vollkorn mit Weihnachtspuddinggeschmack enthält«. Desgleichen haben wir, allen Ernstes, einen Nager-Adventskalender für heimische Kaninchen, Meerschweinchen und Hamster.

Nächstes Jahr melde ich bei der Industrie- und Handelskammer auch ein Adventskalenderproduktionsgewerbe an mit einer sensationellen Neuheit im weltweiten Adventskalenderreibachwesen, und zwar mit einem Adventskalender für Adventskalenderhersteller. Hinter den 24 Türchen ist immer ein Gutschein verborgen für jeweils zwei Jahre Aufenthalt in der Psychiatrie, am 24. Dezember mit dem Höhepunkt: geschlossene Anstalt, Gummiwände, Zwangsjacke. Und was das alles mit meinem seinerzeitigen Christkind zu tun hat, der Binderi in der Mögeldorfer Hauptstraße? Kann ich Ihnen schon noch hinschreiben: Die Emma Binder, lebte sie noch auf Erden, würde mit ihrem Krückstock neihaun in die zwanzig Millionen sechshunderttausend Abfenzkalender, dass die Fetzen fliegen. Und ich würde ihr dabei tatkräftigst helfen.

Adventeventkultur

Gemäß dem Raunen einer uralten Sage soll ungefähr im Jahre 0 unserer Zeitrechnung in dem kleinen Nürnberger Vorort Bethlehem ein ca. 17-jähriges Mägdelein, evangelisch, schwindelfrei, merkfähig und von schöner Gestalt, das Licht der Welt erblickt und der Menschheit etwas dargebracht haben, das seinesgleichen im gesamten bisher bekannten Universum sucht: den festen Glauben an Umsatzerhöhung, Wachstum, Gewinnmaximierung und an den Nürnberger Christkindlesmarkt. Seither wandelt es, das Christkind, während der vier stadesten Wochen des Jahres durch die Stadt, tröstet die abhandengekommenen Kinder, dass sie vermutlich in Bälde von ihren verlorenen Eltern am Fundamt abgeholt werden, führt an den Adventssamstagen die Speisung der 500.000 durch mittels Darreichung der Sakramente Glühwein, Lebkoung und Drei im Weggla, spricht den zahlreichen Taschendieben ins Gewissen oder segnet im Stadion die Club-Spieler, auf dass es ihnen irgendwann einmal wohlergehe am gefürchteten Rasen.

So weit, so gut. Doch diese wunderbare, nunmehr bereits 2021 Jahre währende Tradition gerät momentan ins Wanken. Der alljährliche Christenhype ufert ein bisschen aus. Schon steht die Christkind-Geburtsstadt Nürnberg im Überflutungs-Ranking zusammen mit den anderen Heimsuchungsorten Barcelona, Palma de Mallorca, Venedig, Madrid, Amsterdam und Reykjavik, im Gegensatz zu den erwähnten Club-Fußballern, an oberster Tabellenstelle, schon flüchten einheimische Häretiker und andere Abtrünnige an den Adventssamstagen ins Trubach- und Hirschbachtal, nach Ober- oder Unterachtel, an den Oberlauf der Pegnitz oder gar in die Ost-Oberpfalz.

Erst am vergangenen besucherrekordverdächtigen Samstag ist in der Königstraße ein Mann gesichtet worden, gegen den Mahlstrom Hunderttausender Gläubiger ankämpfend, mit dem Ketzerlied auf den vor Wut schäumenden Lippen: »Abfend, Abfend, der Kiddl brennd, erschd vorn, dann hind – und dann steht nicht das Griskind vor der Diir, sondern der Gerichtsvollzieh'r.«

Wieder andere eingeborene Christkindlesmarkt-Migranten haben das ursprünglich sehr schöne Abfenz-Gedicht wie folgt umgeschrieben: »In Jesus in sein Drooch / Driffd ball der Schlooch / A Million Durisdn / Glodzn in sei Kisdn / Jabanische Heere / Jauchzen Dir Ehre / Vuur der Frauenkerch / Närmbercher Gwerch/ Abfend, Abfend / Haud ab und rennd / Ganz schnell dervoo / In dulci Jubilo.« Blasphemie also, dass es lästerlicher kaum mehr geht gegen das Allerheiligste, das uns hoffentlich reichlich innewohnt, nämlich gegen den Sankt Mammon persönlich. Und da frage ich mich, Gotteslästerung gegen die Besten unserer Güter, gegen Geld, Glühwein, Griskindlasmarkt, muss das wirklich sein? Wahrhaftig nicht!

Mögen die Fachfrau, der Fachmann noch so sehr winseln von einem sogenannten Overtourism in Barcelona, Mallorca, Venedig und so weiter, also von der Umwandlung der reisenden Menschheit in riesige Trampeltierherden – für den oridschinäl Närmbercher Grinskistleinsmarkt kann diese Herabwürdigung in keiner Weise gelten. Ganz im Gegenteil! Denn was wäre die Welt, die Stadt, der Hauptmarkt ohne ihn?! Nehmen wir einmal die Welt: Bekanntlich dreht sie sich, und das ist aus mannigfaltigen Gründen auch gut so. Und warum dreht sie sich? Weil stündlich Millionen, wenn nicht Milliarden von Touristen kommen und gehen, hin und her fahren, düsen und rumpeln, knattern und kreuzschiffen, in den Christkindlesmarkt hinein und wieder hinausgeschnalzt werden, kriechen und krabbeln, taumeln und torkeln. Sie, die Taumler und Torkler also, sind es, die die Welt in Bewegung halten, in ihrer segensreichen Tätigkeit dem Esel in der Tretmühle ähnelnd.

Oder dann diese unsere heilige Stadt Nürnberg, der Hauptmarkt. Erst kürzlich hat der unter anderem für Evente zuständige Bürgermeister Gsell bemängelt, die Altstadt sei eventmäßig in einem wahrlich erbärmlichen Zustand. Beach-Volleyball, Wide-Hupfing-Championship, Fahrrad-Schleudering, Barden-Meeting, Spargel-Schäling, Männlein-Laufing, Blaue Nacht, Trempelmarkt, Kugel-Stoßing, Biomarkt, Häfalasmarkt – und das war es dann fast schon, also uneventlich bis dorthinaus!

Und da mag dem Nürnberger Event-Bürgermeister im Rahmen eines schweren Delirium-Clemens-Schubs die Erleuchtung gekommen sein, dass man gerade durch den Christkindleinsmarkt den desaströsen Nürnberger Eventmangel weitgehend beheben könnte. So wäre dann der Stadt Nürnberg ihr Hauptmarkt vermutlich weltweit der einzige Austragungsort der Ellbogen-Rempling-Bundesliga, wir kämen in den Genuss eines Wettbewerbs im Sembfbflaadschn-Schnalzen, Mannschafts-Kedschabb-Spritzing und Glühwein-Weitspotzing. Schubsing, Hudzing, Lebkoung-Schmeißing rundeten das Event-Angebot der Stadt ab.

Advent und Event – was läge näher, als diese Höhepunkte des Christentums endlich zu vereinigen. Zusätzlich würden wir den Ruf in aller Welt erschallen lassen als Ballermann des Nordens, als ein Venedig an der Bengerz. Um das Schalmeien auf dem Gebiet hiesiger

Zukunftsmusik würdevoll zu beenden, noch gschwind ein eigenköpfig verfasstes, sich nicht immer reimendes Sinngedicht auf die Legende vom Nürnberger Christkind bezüglich des eingangs erwähnten Jahres 0: »Wenn am zweiten Vorweihnachts-Samsdooch im Dezember / Der Umsatz nedd mindestens fimbf Brozend häicher is / Wäi am Samsdooch es Jahr dervuur / Nou konnsd du fei es ganze Jahr vergessn / Hosd du des damals scho gwissd / Herr Jesus Christ?«

Nachbescherung

Nachkarteln bis in die tiefsten Tiefen einer hohen Akribie hinein ist verpönt, aber – Obacht! – nicht selten sehr sinnvoll. Nehmen wir nur jenes Spiel, das auf Vorschlag des deutschen Lehrerverbandsvorsitzenden Heinz Peter Meidinger in Bälde eine Art Schulfach werden soll – nämlich Schafkopfn. Nicht selten wird bei ihm, dem Schafkopfn, länger nachgekartelt als gespielt, etwa dergestalt, dass, wer vorsichtig bei seinem Mitspieler anfragt, warum er, der Doldi, nicht ums Arschleckn Grün angespielt hat, wo er doch seit Menschengedenken auf Grün frei ist und infolgedessen die Grün Sau und den Zehner naufschnackelt, dass der Bauch wackelt mit der Rot As, aber Grün nicht und nicht kommt, und sie jetzt dahockn mit einem g'spaltenen Arsch und es vergeicht haben. Worauf der erwähnte Doldi antwortet, er habe Grün aus dem Grund nicht angespielt, weil er keine Grüne gehabt habe. Und dann der auf Grün freie Mitspieler brüllt, er, der Doldi, habe doch den Grün Neuner ganz am Anfang weggeschmissen, ob der Grün Neuner neuerdings vielleicht keine Grüne sei oder wie oder was oder warum. Anschließend werden die einzelnen Stiche darauf untersucht, wo sich der Grün Neuner verbirgt, die Stimmen werden laut und lauter, Spielkarten fliegen an dunkelrot gefärbte Köpfe, es kommt zu Angeboten von Drümmer Schelln, Biere schwappen über, Krüge schwirren drohnenhaft durch die Luft, und es hat das Nachkarteln insofern einen Sinn, weil sich der in der Notaufnahme des Südklinikums befindliche Doldi während der fünfstündigen Wartezeit reiflich überlegt, ob er beim nächsten Mal nicht doch lieber Grün anspielt, wenn er den Grün Neuner hat.

So viel zum Thema Nachkarteln. Und um jetzt elegantissime überzuleiten: Auch beim Thema Weihnachten ist Nachkarteln sinnvoll, vor allem beim allerwichtigsten Weihnachtsinhalt, nämlich der Auswahl und dem Kauf trefflicher Geschenke. Oft sind jene Weihnachtsgeschenke nämlich, heißt es, extrem untrefflich. Etwa dann, wenn es sich (ich zitiere eine höchst öffentlich bloßgestellte Liste) um Stricksocken, Hausschlappen, Wollmützen, Kaffeemaschinen, Porzellanfiguren, Engel, Duschgele, Puppen, Fresskörbe, handgeklöppelte lange Unterhosen, Kochlöffel, Alpenveilchen oder Akku-Nasenbohrer handelt.

Seit nunmehr 22 Jahren landen diese und Zehntausende anderer Weihnachtsgeschenke bei uns zwischen den Stadtvierteln Sankt Loonhard und Schweinau in der Villa Leon, früher Schlachthof, wo sie unter dem ebenfalls sehr sinnvollen Motto »Markt der langen G'sichter« einer Versteigerung anheimfallen. Auch hier gibt es, analog zum Schafkopfn, einen Doldi, und zwar in Gestalt des Gebers oder Schenkers von Stricksocken, Hausschlappen, Wollmützen, Duschgelen und so weiter. Zwar wird dieser Weihnachtsgeschenkkäufer nicht öffentlich vorgeführt und ob seines angeblich üblen Geschmacks persönlich gebrandmarkt, aber er wird es infolge der intensiven Berichterstattung durch Presse, Funk, Fernsehen, Fäißbuck etc. in vielen Fällen mitkriegen, dass seine Duschgele, Kochlöffel oder Alpenveilchen am Weihnachtsgeschenkpranger im Schlachthof erst großes Gelächter, begleitet von höhnischem Applaus, erzeugen und dann für 2 Euro 50 den geliebten Besitzer wechseln.

Was wird sich der Doldi dabei denken? Er, der sich vielleicht bereits im Spätsommer gedankenschwer durch Kataloge, Internete und Schaufenster gekämpft hat, der im September den Fresskorb als Weihnachtsgeschenk in Erwägung gezogen hat, um ihn im Oktober wieder zu verwerfen, der im November auf die Idee verfallen ist, drei Paar Stützstrümpfe als Präsent in die engere Auswahl zu nehmen oder Holzengel oder Plastikweihnachtsmänner und -männinnen oder lieber doch Alpenveilchen, der schließlich am Morgen des 24. Dezember in der Fußgängerzone einige Panikanfälle erleidet, akute Nervenzusammenbrüche, schweißüberströmt durch Parfümerien, Engelmanufakturen, Kuscheltierläden, Blechpatschereien, Papierwarenhandlungen taumelt und 30 Sekunden vor Ladenschluss beim Douglas sich gerade noch durch die Glastür zwängen kann, um die letzten zwei Duschgele zu schnappen. Fast sechsmonatiges Fahnden nach einem Weihnachtsgeschenk, und dann siehst du dein Weihnachtsgeschenk wieder in der Villa Leon und im Geiste dich daneben in deiner Eigenschaft als Doldi, Depp, Dolleroggl und personifiziertes Duschgel!

Oder nehmen Sie als abschreckendes Beispiel mich, der ich einmal leichtgläubig der ebenfalls sehr gern genommenen Weihnachtsverzichterklärung »Wassd wos, Moo? Mir schenkn si haier nix!« auf den Leim gegangen bin, um kurz vor der Heiligen Nacht ungefähr viertelstundenweis zu vernehmen, die Frau Gemahlin habe neulich doch noch »eine Kleinigkeit« gefunden und noch eine Kleinigkeit und noch eine Kleinigkeit; Kleinigkeiten also, die sich angesichts ihrer Anhäufung letztlich zu einer wahren Großigkeit entwickelt haben. Und ich, abmachungsgemäß bar jeglicher Kleinigkeit? Ich hab dann fünf Minuten vor der Bescherung mit zittriger Schrift einen Gutschein ausgestellt. Für hundert Mal den Haushalt machen. Also hundert Tage im neuen Jahr Abspülen, Frühstück richten, Zeitung holen, Wäsche waschen, Bügeln, Kochen, Hausordnung, Staubsaugen,

Einkaufen, Buchführung. Die Begeisterung hat sich beim Öffnen des Gutscheinkuverts ein bisschen in Grenzen gehalten, und drei Tage nach dem nicht sonderlich Heiligen Abend hat es geläutet, steht ein mir völlig unbekannter Herr vor der Haustür und fragt mich, ob es morgen früh gegen halbsieben recht wäre. Ich hab ihn gefragt, was morgen früh um halb sieben recht wäre? Und er, ein Kuvert mit einem Blatt Papier wedelnd: »Ner ja, wäis hald dou schdäihd – Frühschdügg machen, Zeidung hulln, Eikaafn, Middoochessn und suu weider.« Und ob ich ihm immer abends das Bett noch vorwärmen könne. Ist mein Gutschein für hundert Mal Haushalt machen am Markt der langen G'sichter versteigert worden!

Ner ja, Spässla, gell. Wieder zurück zum Ernst des Lebens: Heut Nacht schenkt uns die Zeit ein neues Jahr. Und wenn's ungefähr so wird wie das alte – dann ab in die Villa Leon, in den Schlachthof! Und dafür tausend Mal lieber zwei Duschgele, ein Alpenveilchen und Wollsocken. Oder Schafkopfkarten.

Ungerührt geschüttelt

Kann sich vielleicht noch irgendwer an den Rio Reiser (1950–1996) erinnern? Leider nur vorübergehender Nürnberger, zeitweiser Melanchthon-Gymnasiast, anschließend fast weltberühmt. Manchmal, in sehr bedenklichen Momenten, taucht er in meinen direkt am Gedächtnis hingestöpselten Ohren auf, wie er seinerzeit den zum Lied gewordenen Seufzer geschmettert hat: »Das alles und noch viel meeeeehr würd ich machen, wenn ich König von Deutschland wär.« Weil, hin und wieder, aber dann inbrünstig, wär ich auch gern ein Viertelstündla lang König von Deutschland. Oder Ministerpräsident von Bayern, oder wenigstens Oberbürgermeister von Nürnberg. Was ich dann unter anderem machen tät, schreib ich lieber nicht hin, sonst krieg ich vielleicht Drümmer Brobellerfodzn von den Braunen.

Aber manchmal möchert man es halt sein, König von Nürnberg. Einzige Ausnahme: an einem ganz bestimmten Tag im Jahr ganz gwieß nicht; heuer wär es der 9. Januar gewesen, also am letzten Mittwoch. Inzwischen hab ich mich aber im Rathaus kundig gemacht: Es geht ihm schon wieder besser, unserm König von Nürnberg, nur seine rechte Hand bis nauf zum Ellerbuung liegt noch mit schwerer Schüttellähmung teils in der Notaufnahme vom Nordklinikum, teils in essigsaurer Tonerde. Er, der Oberbürgermeister, gibt es zwar öffentlich nicht zu, aber ich weiß es, dass sein persönlicher *dies ater*, sein rabenschwärzester und gleichzeitig rotblaugefärbtester Tag im Jahr, der Nachmittag des über alle Maßen und Schoppen berühmt-berüchtigten Neujahrsempfangs auf der Rolltreppe im Messezentrum ist.

Sorgfältigen Zählungen gemäß sollen sich heuer wieder 1.300, 1.400 oder 1.600 Nürnberger Gniedlasköpf und -köpfinnen, Würdenträger, Hosenträger, Wasserträger etc. zu einem sogenannten Flaschn-Mob zusammengerottet haben, um die rechte Hand des Oberbürgermeisters auszupressen, wie wenn aus ihr ein erfrischender Zitronensaft träufeln tät'. Und dazu muss er, der Uli Maly, eine stets wohlformulierte, teilweise sogar ausgewogene Rede halten und anschließend die Rolltreppe, welche an dem Tag nicht rollt, herunterschreiten, sodann pflichtgemäß milde lächeln und 1.300, 1.400 oder 1.600 Mal säuseln: »Ihnen auch alles Gute, Frau Dingsbums, Herr Sowieso.«

Wenns'd da nach vier bis fünf Stunden Dingsbumsen und Sowiesosen und 1.300-, 1.400- oder 1.600-facher Schraubstockfolterung der rechten Hand nicht wahnsinnig wirst, dann Hut ab, Herr Oberbürgermeister! Die insgesamt vielleicht 25.000 sehr guten, fachlich voll fundierten Ratschläge von der Kaugummibflaadschnbeseitigungsmaschine, über die Tränen- oder Trainerfrage beim kommenden Rekord-Absteiger 1. FCN bis zum digital gesteuerten Hunde-Abort gar nicht zu erwähnen.

Auch kostet ja dieses Weiblein- und Männleinsaufen ein Geld, das zwar dann und wann ein Sponsor zahlt, der aber unter Umständen eines Tages doch auf einen Gegenwert lauert, und sei es nur das gelegentliche Zudrücken des einen oder anderen Auges; oder in schweren Fällen gar aller zwei Augen. Und so werden in unserem Großstädtchen immer öfter Stimmen laut, die der Meinung sind, ein neues Jahr komme doch meistens von selber, auch dann, wenn man es nicht mit ventilatorartigem Handschütteln empfängt. Also sparen wir uns dem OB seinen Handkrampf!

Es wäre, mein ich, ein schlimmer Verzicht, ein furchtbarer Verlust, ein Jammer sondersgleichen. Wir, beziehungsweise die am Ende mehr oder weniger geladenen Honorabilitäten und -tätinnen, würden es kopfschmerzlich vermissen. Denn wo sonst kann man artistische Darbietungen kühnster Prägung, eloquenteste Kommunikationen im Zusammenspiel mit kulturell sehr hochstehenden Gedächtnistrainingseinheiten noch erleben? Nirgends! Nur einmal angenommen, Sie sind aufgrund Ihrer irgendwie messbaren Bedeutung zum Empfang des neuen Jahres wie auch der Hand unseres Oberbürgermeisters eingeladen. Dann empfangen Sie sofort nach dem Betreten des Messehallen-Foyers ein kostenloses Warmgetränk in Form eines Fingerhütchens voll Bier, Wein, Glühsekt oder Prosecco, kurze Zeit später ein kleines, filigranes Gebilde, das Finger-Food genannt wird. In der rechten Hand also der, die oder das Finger-Food, in der linken Hand einen Schbruuz Bier – und dann schütteln Sie einmal einem Ihnen völlig unbekannten, hochrangigen Politiker, der ebenfalls linkerhand einen Finger-Food, rechterhand ein Bierlein balanciert, schütteln Sie ihm also zum Xund's-Neu's-Jahr-Wünschen die was? Die Hand?? Oder doch lieber den Fuß, die Nasenspitz, das Ohrläppla oder wen? Man kann dort Verrenkungen betrachten, Bodenakrobatik, Finger-Food-Weitwürfe, da sind die Darbietungen im Alexander seinem *Palazzo* oder im Zirkus *Flic Flac* ein kalter Prosecco dagegen.

Dann die Kommunikation, bekannt auch als ziemlich schmaler Talk! Viele tausend Male raunt es an unsere Ohren »Danke, Ihnen aa!«, »Ja, Xundheit, des kemmer braung!«, »Nachträglich nu, gell!«, »Danke, gleichfalz!«, und der beste Nürnberger Neujahrswunsch überhaupt »… und dahamm fei aa, gell!« oder gar, dann aber eher leis in sich hineinmurmelnd: »Ja, legg mi doch am Oorsch, wer woor nern edzer dees?!« Das Gedächtnistraining also, das vier, fünf Stunden später, nach erfolgreich beendeter Heimsuchung seine Fortsetzung findet, indem man die bereits in der Bettstatt ruhende Frau Gemahlin aufgeregt um Aufklärung bittet, wer denn jener aus dem Gedächtnis entlaufene Herr sein könnte: »A weng dicke Ohrn hodder g'habt, die Noosn normal, zimmli groß odder middlgroß odder nedd suu arch groß odder wos wass denn iich. Wer kenndn des gween sei?« Und dann die Lösung der Gedächtnislücke: »Des woor halt aa wer. Leech di nei und mach es Licht aus!« Das alles und noch viel meeeeehr, tät ich abschaffen, wenn ich der König von Nürnberg wär.

Bföödschla. Klingt komisch, oder? Ist aber früher jedem Insassen einer sogenannten Volksschule ein buchstäblich eingebläuter Begriff gewesen; also in jenen Zeiten, in denen der diplomierte Brachial-Pädagoge die Regel im schulischen Erziehungswesen war. Das Bföödschla verdankt seine Herkunft der hochdeutschen Pfote, welche seinerzeit nicht nur dem Hund in vierfacher Ausführung zu eigen war, sondern auch dem Schulkind. Im letzteren Fall heißt heute die Pfote Hand. Die hat man früher bei Unbotmäßigkeiten aller Art hinhalten müssen, damit der Herr Lehrer mit seinem für solche Zwecke stets bereitgestellten Haselnuss- oder auch Bambusstecken draufdreschen hat können. Mit allergrößtem Vergnügen. Zusätzliche Erziehungsgerätschaften waren: die väterliche Rückhand, der mütterlicherseits gern ins Feld geführte Teppichklopfer oder im milderen Fall zwei Wochen Hausarrest. Weiters kennen wir das hundertfache Abschreiben des Leersatzes »Ich darf nicht schwätzen«, die Haarbüschelbastonade, den Ohrenaufzug, einstündiges Knien auf einem Holzscheitla und die Drümmer Schelln. Später im Gymnasium sind die Foltermethoden sämtlicher Erziehungsberechtigten einer deutlichen Verfeinerung zugeführt worden. Die Drümmer Schelln haben sich aufgelöst in Verweise, Direktoratsverweise, Arreste, Direktoratsarreste, Hinausflugschein aus der Schule.

Und nur so, mit den ausgeklügelten, von den Altvorderen übernommenen Erziehungsmethoden und den dadurch entstandenen, teils leichten, teils schwereren Gehirnerschütterungen und chronischem Seelentraumata im Gefolge, hat unsere Generation später wahrlich Großes erfinden können, wie etwa die Wasserstoff- oder Atombombe, Napalm, Gifte aller Art, Plastikmüllmeere und Berge Ozonlöcher, Verwandlung von Lebens- in Sterbensmittel, Hungersnöte, Erderwärmungen, Schrott-Aktien, Immobilienblasen, Stickoxide, Feinstäube, twittergestützte Scheißhausparolen und viele andere inhumanistische Neuerungen.

Ich selber hab zwar trotz größter Bemühungen leider nix Nennenswertes erfunden auf dem weiten Forschungsfeld des Inhumanismus, aber Schelln, Verweise, Arreste ohne Ende in Empfang nehmen dürfen. Mein beklagenswerter Einfaltsreichtum mag unter anderem daran liegen, dass ich niemals wegen Rädelsführerschaft einer Schülerdemonstration zur Verantwortung gezogen werden haben müssen sollen haben dürfen oder wie. Zum Beispiel wäre unsere geniale Generation unter keinen Umständen auf den Gedanken gekommen, wie vor einigen Tagen am Nürnberger Rathaus geschehen, mit einem Transparent in der Hand des Inhalts »Klimaschutz jetzt!« oder »Wir haben keinen Planet B!« gegen die angeblich groben Unfüge der Erwachsenenwelt zu demonstrieren. Schon allein beim Hinschreiben jetzt des damals noch gar nicht existiert habenden Wortes *demonstrieren* sträubt sich mir der Schreibfinger.

Mit Recht wirft das Bayerische Staatsministerium für Unterricht und Kultus in die vermutlich nicht existierende Waagschale, jene für den Erhalt unserer Erde demonstrierenden Schulkinder seien schulstrafrechtlich zu verfolgen. Unter anderem deswegen, da die doppelschulstündige (!) Demo vor dem Rathaus während des geschwänzten (!) Unterrichts stattgefunden habe. Und auch ich frage mich: Haben diese noch nicht einmal volljährigen Kindlein noch alle Sparren im Gebälk?! Sind sie von allen blöden Geistern verlassen?! Denn erstens reden wir doch bereits seit einigen Wochen, wenn nicht sogar Monaten von einem eventuell, irgendwann, irgendwie vorzunehmenden Klimaschutz, zweitens haben wir durchaus einen Planet B und zusätzlich noch Planeten C, D, E und F und drittens spricht mir der für Schulstrafen zuständige Ministerialbeauftragte Professor Dr. Gerhard Waschler voll aus der traumatisierten Seele, wenn er sagt, es herrsche bei uns allerwall noch eine Schulpflicht und Schulschwänzen wegen Demonstrierens könne nicht toleriert werden, sei also mit einem Verweis zu ahnden. Und, hat der Waschler noch hinzugefügt, »demonstrieren kann man auch in der schulfreien Zeit oder am Wochenende.« Jawoll, Herr Professor Oberlehrer! Auch nachts um zwei oder drei Uhr kann man sehr schön demonstrieren; da ist nicht nur schulfrei, sondern auch viel mehr Platz vor dem Nürnberger Rathaus.

Aber wieder zurück zur Reisefreiheit und zum angeblich nicht möglichen Umzug von uns 7,6 Milliarden Menschen auf einen Planet B. Erst neulich sind wir wieder in Gestalt einer Sonde auf dem nur 50 bis 400 Millionen Kilometer entfernten Mars gelandet, um zu erforschen, ob dort – für den Fall, dass wir unsere Erde zerbröseln – menschliches Leben möglich ist. Durch jene Sonde und aufgrund früherer Forschungen wissen wir ja ziemlich genau, wie es auf dem Mars ausschaut: Steine, Sand, endlose Wüsten, Stürme, Windhosen, ehemalige Gewässer, einige Mikroben. Man kann also mit Sicherheit sagen: Am Mars müssen schon einmal Menschen tätig gewesen sein. Folglich kann man auch in Zukunft durchaus wieder einmal hinfliegen. Die einfache Fahrt dauert ungefähr eineinhalb Jahre und kostet 700 Millionen Euro. Allein schon wegen der Pendlerpauschale würde sich ein Leben auf dem Mars rentieren. Also zu behaupten, es gebe für uns keinen Planet B, und diese Irrlehre auch noch unter gröbster Missachtung der Schulpflicht zu verbreiten – da wäre ein Verweis wegen Schulschwänzens weit unter dem dringlich zu verhängendem Strafmaß. Fast neige ich zu der Meinung, man müsste endlich wieder auf die bewährten Erziehungsmethoden zurückgreifen: Bföödschla, Haselnuss- und Bambusstecken, Teppichklopfer, Schelln, einstündiges Knien auf einem Holzscheitla. Jetzt weniger für die Schulschwänzer als vielmehr für Bildungsministeriumssprecher samt ihrer Gefolgschaft. Oder im Rahmen der auch für Erwachsene gültigen Schulpflicht hundert Mal den Satz abschreiben: »Ich darf nicht schwätzen – es gibt keinen Planet B.«

Sprichwörter und Aphorismen sind manchmal ein ziemlicher Grambf. Zum Beispiel geb ich bei dem Wort »Am Abend wird der Faule fleißig« zu bedenken, ob der Zeitpunkt eines jedweden Fleißausbruchs eigentlich nicht ziemlich worschd ist. Hauptsache, der verlangte Fleiß stellt sich ein. Zudem hätte sich der Erfinder jenes Sprichworts überlegen sollen, ob jemand, der plötzlich von einem Fleiß heimgesucht wird, und sei es des Nachts, wirklich als nachtaktives Faultier herabgewürdigt werden kann. Weiters ist mir momentan, spätabends, um nicht zu sagen nachts, noch das Sprichwort zugeflogen »Gut Ding will Weile haben«. Erstens dauert die Weile rein von ihrem Begriff her gesehen fast immer eine geraume Zeit, während deren Vergehens es durchaus auch einmal später werden kann, des Abends zum Beispiel. Wandelt sich dann gwiss das ursprüngliche gut' Ding zum schlecht' Ding oder wie oder was? Zweitens: Ist dann jener Mensch, der betreffs sorgfältiger Erarbeitung eines gut' Ding eine mehr oder weniger lange Weile vergehen lässt, ein fauler Hund? Und drittens gilt gerade bei uns in Nürnberg sowieso der Umkehrsatz, nämlich auch schlecht' Ding will Weile haben.

Neulich hab ich nämlich gelesen, dass der seit seiner Umgestaltung vor einigen Jahren zum Betonbrüchlein eher berüchtigte als berühmte Friedrich-Ebert-Platz eines Tages oder auch Nachts erneut umgestaltet werden soll. Dahingehend, dass die Friedrich-Ebert-Platzverhässlichungen in Gestalt eines U-Bahnauf- und -abganges verflächlicht oder versetzt werden sollen. Und zwar nicht nächste Woche, nicht nächstes Jahr und auch nicht nächstes Jahrzehnt. Sondern, weil gut Ding wie erwähnt Weile haben will, ungefähr im Jahr 2036.

Jetzt aber keine Angst, ich will mich nicht schon wieder zum 125. Mal der architektonischen Fehlgeburt des Friedrich-Ebert-Platzes widmen. Mich interessiert vielmehr die zeitlich Abfolge der geheimnisvollen Vorgänge rund um die Steinwüste in der Nordstadt. Denn sehr dunkel kann ich mich erinnern, dass ungefähr um das Jahr 2005 p. Chr. n., also vor gut 15 Jahren, die Umgestaltungsplanungen des Platzes zu einer exorbitant furchterregenden Großöde ans Tageslicht gekommen sind. Anwohner, Vorstadtvereine, eventuell sogar Magistratsangehörige und Mitglieder der zahlreichen städtischen Referate, Kommissionen und Ausschüsse haben diese Planungen teilweise mit Worten gegeißelt, die man hier aus Gründen des Jugendschutzes nicht wiedergeben kann.

Ich mutmaße jetzt einmal, dass diese Worte, selbstredend in verfeinerter Form, auch schriftlich niedergelegt worden sind. Und das ist jetzt interessant: Was ist mit ihnen im Verlauf einer wirklich guten Weile, nämlich einer relativen Weile von gut 15 Jahren, passiert? Nix? Das kann nicht sein, denn mit schriftlich fixierten sogenannten Vorgängen passiert immer was. Meistens ruhen sie, sauber gelocht, in einem Aktenordner, verbringen dort einige Zeit, und zack!, nach drei, vier Jahren, kurz vor der Vergilbung, fällt der Aktenordner aus welchen Gründen auch immer aus dem Aktenordnerregal, die zwei Löcher der Lochung halten dem Sturz nicht stand – und der Vorgang (in unserem Fall: Baustopp der Verunstaltung des Friedrich-Ebert-Platzes) liegt herren- und damenlos in einem Büroraum rum. Folglich befinden wir uns bereits im Jahr 2008 der Weile.

Eines Tages wird das Papier aufgefunden, von einer Reinigungskraft, deren Interesse für die missglückte Umwühlung des Friedrich-Ebert-Platzes sich in denkbar engen Grenzen hält. Infolgedessen steckt sie die kritische Würdigung der Umplanung in Gestalt einiger gelochter DIN-A4-Seiten in die Tasche ihrer Kittelschürz'n. Dort verbleiben sie ca. zwölf Monate lang, und schon sind wir im Jahr 2009. Bis sie das Enkelkind der Reinigungskraft eines Tages aufspürt und aus ihnen teils Papierschiffla, teils Papierschwalben faltet.

Die Papierschiffla lässt das Enkelkind während eines Spaziergangs zur Hallerwiese auf der Pegnitz zu Wasser, von wo sie durch die Strömung und den Wind nach Fürth gelangen, von dort in die Regnitz, Main, Rhein bis nach Rotterdam in die Nordsee. Fahrtzeit zwei Jahre, sodass wir uns mit einem Teil der Planungskritik bereits im Jahr 2011 befinden. Die Papierschwalben indes gelangen vom dritten Stock eines Wohnhauses in Gostenhof über die Stationen Veit-Stoß-Anlage, Plärrer, Hauptmarkt wieder in unmittelbare Nähe des Rathauses, wo sie vom Pförtner geborgen werden. Flugdauer ca. zwei Monate.

Jetzt wäre also dank des beherzten Zugriffs seitens des Pförtners der Zeitpunkt gekommen, wo man anhand der wieder aufgefundenen Einwendungen gegen die Verunstaltung des Friedrich-Ebert-Platzes einmal ein Wörtchen oder zwei mit dem Architekten reden könnte. Doch erstens steht der Baubeginn des Jahres 2011 nunmehr unmittelbar bevor, und zweitens fehlen ja jene schriftlichen Unterlagen, die als Papierschiffla in der Nordsee, möglicherweise in schwerer See, in Richtung Ärmelkanal, England, Äußere Hebriden schlingern. Stadträten wie auch -rätinnen, Referaten, Kommissionen, Ausschüssen aller Art sind nicht nur Füße und Hände gebunden, sondern auch die Münder. Da ist guter Rat, wie uns ein weiteres Sprichwort lehrt, teuer; auf der anderen Seite aber schlechter Rat auch. Weil aber, wie ich bereits dargestellt habe, gut Ding Weile haben will, hat man einige Weilen vergehen lassen müssen, bis 2017, also vor knapp zwei Jahren, die Füße der städtischen Friedrich-Ebert-Platz-Begutachter nicht mehr gebunden waren und sie sich zu ihm fußläufig hinbegeben haben können. Der Aufschrei angesichts der Hässlichkeit des Platzes war damals (wir berichteten ausführlichst) groß und sofort wirksam. Zwei Jahre später, also jetzt, hat sich der Aufschrei bereits niedergeschlagen; dahingehend also, dass man im Jahr 2036 zur Tat schreiten wird. Dieses Jahr 2036 als Zeitpunkt der eventuellen Schönheitsoperation des Friedrich-Ebert-Platzes errechnet sich ganz einfach aus der Segelgeschwindigkeit einiger Papierschiffla zwischen den Äußeren Hebriden und dem Nürnberger Rathaus. Kann aber auch sein, dass sich sämtliche Einwände bis dahin sowieso erledigt haben, da die Friedrich-Ebert-Platz-Gestaltung in ihrer furchterregenden Form dann höchstwahrscheinlich unter Denkmalschutz steht.

Vollgas für die Freiheit

Hand aufs Herz oder aufs Hirn, je nachdem: Wo haben wir denn heutzutage noch eine Freiheit? Gut, in Fürth gleich neben der Moststraße die Fürther Freiheit. Aber sonst? Nix! Soweit das Auge reicht nur Staatsgängelungen allergrößten Ausmaßes, Unfreiheit, Versklavung, Magd- und Knechtschaft. Früher hast zum Beispiel beim Gehen, Stehen, Krabbeln und sogar in städtischen Amtsstuben nach Herzenslust umeinanderspotzen dürfen, dass es nur so geschnalzt hat. Drümmer Kudderla in mannigfachen Farbschattierungen sind da nach einem kurzen Räuspern durch die Lüfte geflogen, dass man vor lauter Freude oft nicht gewusst hat – geht ein Starkregen hernieder oder schbodzd bloß jemand. Dann, ungefähr im Jahr 1850 rum, sogenannte Hygienisierung der vorwiegend männlichen Menschheit, obligatorisches Aufstellen von Spucknäpfen, nur wenige Jahre später gefolgt vom Spotzverbot im öffentlichen Raum. Einzige Ausnahme: der Kaugummi, dessen Hinauskatapultierung aus dem Mund in manchen fernöstlichen Gemeinwesen inzwischen ja auch schon strafrechtlich verfolgt wird.

Weiters ist im staatlichen Verknechtungswesen das Faustrecht außer Kraft gesetzt worden, die nicht selten dringlich gebotene Selbstjustiz. Dann erst vergangene Woche wieder der mehr als dezente Hinweis vom Nürnberger Bürgermeister, dass sukzessive bei uns die als Litfaßsäulen camouflagierten Aborthäusla nur so aus dem Boden wachsen. Soll natürlich heißen: Das früher so geschätzte Freiland-Bieseln wird Schritt für Schritt, Schbruuz für Schbruuz eines Tages gänzlich geächtet sein. Da brauchst keine Klobrilln – eines nicht allzu fernen Tages lauert in allen hiesigen Gässla, hinter Mauervorsprüngen und neben Hauseingängen die Pinkel-Polizei, nach einer schönen norddeutschen Stadt auch SoKo Bruns-Büttel genannt, und ahndet notdürftig aufgedrehte Springbrunnen mit Strafen allerätzendster Art. Wasserhähnchen zugedreht, wieder ein Schritt mehr in die Unfreiheit! Vom Rauchverbot im Jahr 2010 gar nicht zu reden.

Und zu allem Überfluss jetzt dann auch noch die zu befürchtende schlimmste Bedrohung unserer menschlichen Freiheit überhaupt – die von einigen geschwindigkeitsgedrosselten Grünschnäbeln in die freiheitliche Welt gesetzte Forderung nach einem Tempo-Limit! Auf der einzigen noch verbliebenen Insel der Glückseligkeit, der Autobahn, soll man ihrer hoffentlich unmaßgeblichen Meinung nach nur noch mit 130 dahinschleichen dürfen. 130 Kilometer – nicht pro Minute, sondern pro Stunde! Ja haben's denen – inzwischen in verbotener Weise – in einen verschwiegenen Winkel ihrer Gehirngänge hineingeplätschert?! Unsere deutschen Diplom-Betrüger haben unter allergrößten geistigen Anstrengungen Fahrzeuge entwickelt, die ohne weiteres 240 Stundenkilometer dahinfreiheizen können, 260 km/h, 330, ja sogar mit ein bisschen Tuning bis zu 430 – und was sollen wir dann mit diesen Wunderkerzen deutscher Autoingenieurskunst anfangen? Gwiss unseren vom Mund, respektive vom Hirn abgesparten Hobel daheim in der Garage aufbocken und im Stand Gas geben, dass nach fünf Minuten das Garagendach davonfliegt?! Aber wirklich nicht!

Gott sei Dank herrscht bei uns wenigstens auf der Autobahn noch eine Freiheit, und in anderen schönen Urlaubsländern wie zum Beispiel Afghanistan, Nordkorea, Burundi und Libanon ebenfalls. Auch in ihnen weiß man, wozu der Mensch einen rechten Fuß hat, zum Gasgeben und zu sonst nix. Sagt ja auch der zuständige Autoindustrieminister Andreas B. Scheuert, ohne »t« am Schluss, dass eine Geschwindigkeitsbegrenzung gegen jeglichen menschlichen Verstand wäre. Ob er, der Minister, einen hat, weiß man nicht, ist aber auch wurschd. Hauptsache, er verteidigt unsere noch verbliebene Restfreiheit. Und wer diese Freiheit nicht schätzt – der soll halt dann nüber! Und zwar nüber nach Holland, Frankreich, Spanien, Italien, Dänemark, Schweden, Norwegen, Polen, Tschechien, Griechenland, in die Slowakei, nach Österreich, Amerika, Russland, Afrika, Australien oder wohin auch immer. In ganz Europa und fast auf der ganzen Welt herrscht scheint's Vollpatscher statt vernünftigerweise Vollgas. Da können's dann mit 120, 110 oder gar 90 km/h nach Herzenslust umeinanderkriechen und schauen, wo sie hinkommen.

Erst neulich bin ich ins schwer limitierte Nachbarland Österreich gefahren: auf mindestens 150 Kilometern eine Geschwindigkeitsbegrenzung von 130 km/h, ab Innsbruck West sogar nur 100! Ja, da erlebst doch nix Bemerkenswertes, Interessantes! Kein Unfall, kein Blaulicht über den Gipfeln, kein Lamborghini kommt über die Freud- und Leitplanke geschossen, kein Nervenzusammenbruch, kein Zinksarg am Straßenrand, kein Hinweisschild auf den nächsten Autofahrerfriedhof, nix! In der dich schon nach den ersten Kilometern beschleichenden Melancholie neigst du nicht selten zu der Überzeugung, österreichische Weinbergschnecken befinden sich auf Völkerwanderung.

Endlich wieder daheim in unserem schönen, teilfreiheitlichen Ego-Land hab ich dann die Probe aufs Exempel gemacht: Erst mit ungefähr 180 km/h von Nürnberg nach München in sage und schreie (»Foohr rechts niiber, Oorschluuch, bläids!«, »Dumme Sau!«, »Rimbfiech!« etc.) nur 90 Minuten. Hingegen die gleiche Strecke zurück in limitierten 130 km/h mit einer Fahrtdauer von eineinhalb (!) quälenden, vollkommen ereignislosen, extrem unfreiheitlichen Stunden. Ja, da wär der Scheuers Andi doch blöd, wenn er den Geschwindigkeitsdrosseln Tür und Tor zur Unfreiheit öffnet, oder? Und wie früher g'scheit schbodzn soll man am besten auch wieder dürfen. Da täten sie dann gut daran, in der Empfangshalle vom Verkehrsministerium eventuelle Altbestände von Spucknäpfen bereitzustellen.

Die Würde der Kunst ist antastbar

Wie wir von den zwei millionenfach preisgekrönten Mehr-
bereichsphilosophen K. H. Rummenigge und U. Hoeneß
her wissen, ist die Würde des Menschen unantastbar. Ein
vor Monaten geprägter Satz, den viele, wenn nicht sogar alle jederzeit unterschreiben, vor allem, wenn es um
ihre eigene Würde geht. Ihrer, der Würde, gehen sie jedoch dann und wann durchaus einmal verlustig. Was ist
also, wenn jemand aus welchen Gründen auch immer
früh aufwacht, und es ist ihm über Nacht auf einmal die
Würde, zumindest teilweise, abhandengekommen? Ist der
dann auch unantastbar? Womöglich hat er es ja gar nicht
bemerkt und denkt, er ist nach wie vor im Besitz einer
Würde. Keine Angst, es geht jetzt nicht um die Tiefen
höherer Fußballwesen, um einen 1. FC Nürnberg, eine
SpVgg Greuther Fürth oder ähnliche, im menschlichen
Dasein unverzichtbare Gebilde, die oft noch schwerer zu
ergründen sind als die Thesen K. H. Rummenigges und
U. Hoeneß'. Vielmehr geht es, in angeraten vorsichtigster
Weise, um die Kunst.

Nur einmal angenommen, es erschiene bei Ihnen ein
verhältnismäßig lichtscheuer Geselle, hätte eine große
Mappe unter dem Arm, bäte Sie um ein kurzes Zwiegespräch in einem möglichst stillen und tunlichst fens-
terlosen Kämmerlein, öffnete dann dort die Mappe und
breitete vor Ihnen Kunstwerke aus, dass Ihnen die Sinne
schwinden: Aquarelle, Ölbildlein, Strichzeichnungen,
alpenländische Landschaften darstellend, Kirchen, Heuschober, Bergkapellen oder gar den Nürnberger Henkersteg von der Maxbrücke aus betrachtet; und rechts
unten das Allerallerwichtigste, nämlich die Signaturen:

A. Hitler oder gar vollvornamig Adolf Hitler! Angesichts dieser Kunstschätze – was, so frage ich mich seit einigen Tagen, was passierte dann mit unserer Würde für den Fall, Sie wüssten, dass es sich bei jenem Künstler A. Hitler um einen millionenfachen Massenmörder, um einen der weltbesten Verbrecher überhaupt handelt, zudem um ein Gespenst, um einen Zombie, der bei uns scheint's niemals das Zeitliche segnet?

Nach Lage der Dinge steht unsere Würde gewissermaßen vor einem Scheideweg. Der eine Weg, der goldene, führt auf unser Bankkonto, bei dessen Begehung sich die Würde sogleich in Euro verwandelt: Bares für Rares. Ohne mit der Seele zu zucken führen Sie also jene Kunstwerke in Ihr vorläufiges Eigentum über, gestalten sodann eine sorgfältig vorbereitete Kunstauktion, versteigern die Alpenlandschaften, Kirchlein, Heuschober, Bergkapellen, Henkerstege etc. an wiederum sehr zahlungskräftige Zwielichtigkeiten, stets unter dem Hinweis auf den völkermordsmäßigen Künstler A. oder Adolf Hitler, und kassieren dafür ein Schweinegeld – Schweinegeld, ein Ausdruck, für den man sich eigentlich bei allen Schweinen ausdrücklichst und in großer Demut und Zerknirschtheit entschuldigen müsste. Und von diesem Schweinegeld verbleibt sodann eine stattliche Zahl von Prozenten bei uns. Wie es sich dabei mit unserer Würde verhält, ist weitgehend ungeklärt. Womöglich kann man sie während der Dauer der Kunstauktion ablegen wie einen Kittel und sie anderntags, nach Erhalt der erwähnten Prozente, wieder anziehen. Schon hat man wieder eine weitgehend unantastbare Würde.

Der zweite, der eher steinige Weg verläuft nicht über unser Bankkonto, sondern über eine weitgehend dem Artensterben anheimgefallene Einrichtung, dem Gewissen. Es ließe uns beim bereits geschilderten Anblick der Kunstwerke eines A. oder Adolf Hitlers vielleicht zum Telefon greifen und die Polizei anrufen. Der Konjunktiv ist mit Bedacht gewählt, denn es passiert nicht. Auch könnte man (wiederum Konjunktiv) die Kunstwerke dem nächstbesten Papierkorb anvertrauen, in einen Gully vor dem Auktionshaus gleiten lassen, in die Restmülltonne schmeißen, Papierschiffla aus ihnen falten und sie die Pegnitz hinunterschwimmen lassen oder aber sie im Fall einer relativen Geschmeidigkeit sogar als Abortpapier verwenden.

Stichwort Abortpapier: Was hinderte uns daran, nicht auch andere Kunstwerke des Malers A. oder Adolf Hitler, etwa unter großen Mühen geformte Plastiken, demnächst in Geld umzuformen? Zum Beispiel jene vielleicht noch erhaltenen Abortschüsseln im Deutschen Hof, in die der Künstler früher bestimmt schon einmal hineingeschissen hat. Die entsprechenden Inhalte sind ja, wie man weiß, bis heute auch noch erhalten. Im Erdreich und in manchen Köpfen.

Jetzt aber wieder zurück zur Würde. Was sie ist – nämlich der höchste, meines Wissens nicht in Euro umrechenbare, stets zu respektierende Wert eines jeglichen Menschen –, kann man in jedem Lexikon nachlesen. Wie lang sie, die Würde, dauert, ist aber vermutlich ungeklärt. Zumindest weiß es nicht jeder. Reichte sie zum Beispiel, was ich fast befürchte, über den Tod hinaus, dann erhebt sich doch folgende Frage: Wie verhält es sich mit den ermordeten jüdischen Kindern, Frauen und Männern, Andersdenkenden, Andersliebenden, zum Morden angeleiteten Soldaten, Kriegstoten, also was ist mit der Würde von ungefähr 80 Millionen Menschen, deren Tod und Entwürdigung der Künstler A. oder Adolf Hitler auf seinem in jungen Jahren rausplantierten Gewissen hat? Und wie steht es weiterhin mit der Würde der Nürnberger Auktionatoren, die vor zwei Tagen ihre Gschäftla mit den sogenannten Kunstwerken haben machen wollen? Wenn auch das Gschäftla dann Gott sei Dank weitgehend zwar nicht in die Abortschüssel vom Deutschen Hof, aber immerhin in die Hose gegangen ist. Wäre also deren Würde wenigstens ein bissla antastbar? Mehr wollt ich gar nicht wissen.

Mobile Bebaumung

Dass Bäume miteinander kommunizieren, ja bisweilen ganz leis sprechen können, weiß inzwischen jeder der Millionen oder Milliarden, die das Buch *Das geheime Leben der Bäume* vom Wurzelsepp Peter Wohlleben gekauft und in manchen Fällen auch gelesen haben. So ist es also nicht verwunderlich, dass neulich einige Bäume beim Nürnberger Bau- und Baumreferent Ulrich vorstellig geworden sind betreffs Umsiedlung in die Südstadt. Städtischerseits ist dringlich vorgeschlagen worden, sie, die Bäume, mögen sich schon einmal mit dem Gedanken vertraut machen, demnächst die Wölckernstraße zu begrünen. Es herrsche dort ein großer Mangel an Pflanzen, von einigen Löwenzähnen und Ansätzen von Stiefmütterchen in Pflasterritzen einmal abgesehen. Kaugummi und Kippen seien zwar in Hülle und Fülle vorhanden, könnten eines Tages durchaus in mittleren Baumhöhen emporragen, würden aber nach neuesten wissenschaftlichen Erkenntnissen nicht mehr den Gehölzen zugeordnet, auch nicht dem Totholz. Besonders falle die Abwesenheit von Lebendholz und Blattwerk am nahen Aufseßplatz ins Auge, seit dort vor ungefähr 15 Jahren viele Pappeln, Linden und Platanen aus unerfindlichen Gründen bei Nacht und Bodennebel das Weite gesucht und vermutlich auch gefunden hätten.

Und jetzt also zunächst einmal die möglichst baldige Bebaumung der Wölckernstraße. Der Gestellungsbefehl seitens des Nürnberger Baumreferenten für ca. 20 Bäume ist allerdings bedauerlicherweise ins Leere gegangen. »Wos? In die Wölckernschdrass soll mer?«, hat der Baumgruppenleiter, eine 30-jährige Linde, geknarzt, »Naa, Masder, in die Wölckernschdrass obber wergli nedd!« Teilweise vierspuriger Autoverkehr, DHL-Fahrzeugverstopfungen größten Ausmaßes, ein zukünftiges Dahinsiechen als Hundeabort und Zigarettenfriedhof – da beschritten sie, die Bäume, immer noch lieber den Weg zahlreicher Artgenossen aus dem sogenannten Bannwald, nämlich ins Sägewerk. Da könne man wenigstens noch ein paar Jährlein fristen als Ikea-Schlafzimmerschrankfurnier.

Nach dem Abbruch der Geheimgespräche ist die zu begrünende Wölckernstraße noch einmal seitens einiger Experten der Stadtverwaltung auf die Allee-Eignung genauestens untersucht worden – und man hat den Bäumen recht geben müssen: Tatsächlich ist die Wölckernstraße eine wahre Fall- bezw. Fällgrube für Bäume fast aller Art. Und zwar hat SÖR (Servicebetriebe Öffentlicher Raum) nach vielen Begehungen feststellen müssen: Gerade in der Wölckernstraße herrscht ein großer Mangel an öffentlichem Raum, vor allem nach oben, wo sich ja sonst sehr viel Raum ausbreitet. Keinesfalls jedoch in der Wölckernstraße. Die, der oder das SÖR hat nämlich eruiert, dass sich vom Anfang bis zum bitteren Ende jener Straße in ungefähr sieben Metern Höhe Stromkabel für die städtische Straßenbahn befinden!

Und wie beeinträchtigen jetzt elektrische Straßenbahnkabel einen Baum? Das möchte ich auch gern wissen und habe mich deswegen fußläufig in die nicht allzu weit entfernte Wodanstraße begeben, wo ebenfalls verhältnismäßig elektrische Stromkabel den Triebwagen der Linie 8 mit Strom versorgen. Womöglich, im Gegensatz zur Wölckernstraße, mit Schwachstrom, denn nach mehrmaliger Durchschreitung der Wodanstraße in beide Richtungen sowie sorgfältiger Zählung der sich dort ausbreitenden Biomasse habe ich notiert: 40 Lindenbäume und Lindenbaumkrüppel auf der linken Seite der

Wodanstraße (stadtauswärts in Richtung Luitpoldhain) und 36 Lindenbäume und Lindenbaumkrüppel auf der rechten Seite, macht zusammen 76 Bäume.

Bis zur Lösung des Rätsels, warum Stromkabel in der Wölckernstraße ein Baumwachstum verhindern, in der Wodanstraße aber nicht, werden im Nürnberger Baumreferat Jahrzehnte, wenn nicht Jahrhunderte verstreichen. So lang hat man nicht warten wollen und jetzt gewissermaßen den Baum des Kolumbus entdeckt – eines Tages, eines Jahres, Jahrzehnts oder Jahrhunderts werden 20 (in Worten: zwanzig!) mobile Bäume in der sodann stark verschönerten Wölckernstraße auf und ab fahren. Sie sitzen gemütlich in einem Pflanzkübel, eventuell sogar mit Rädla unten dran, und kaum nähert sich ihnen ein gefährliches elektrisches Straßenbahnstromkabel – zack!, fahren sie einfach ein Stückchen weiter, und es kann zu keinem sogenannten Kurzen kommen, dem Schrecken aller Elektriker und Bäume.

Im Herbst, wenn die Blättlein fallen, zuckeln die mobilen Bäume gemütlich in die nächste Bioabfallverwertung, werfen dort ihre Last ab und rollern wieder heim in die Wölckernstraße. Wird irgendwo in der Stadt fehlendes Grün bemängelt – schon brettern sie zum Hauptmarkt, Lorenzer, Sebalder, Ludwigs- oder Bahnhofsplatz, bilden dort in ihrer Mobilität vorübergehend bzw. -fahrend geschwind eine grüne Lunge, um sich anschließend wieder in der Wölckernstraße zur schönen Allee zu formieren. Durch diese Wölckernstraße wird also mittels der mobilen Bäume dereinst ein sporadisch stattfindendes Aufatmen zischen, das bestimmt auch einmal höheren Orts gehört wird, worauf ihre Aufnahme in die Liste berühmter europäischer Boulevards folgt. Ähnlich wie in Düsseldorf die Kö (ursprünglich Königsallee), in der

Lorenzer Altstadt die Brei (ursprünglich Breite Gasse), jetzt dann also bald in der Südstadt die Wö.

Sollte es aber wider Erwarten in ein-, zwei- oder dreihundert Jahren nix werden mit den mobilen Bäumen in der Wö, dann können wir das südstädtische Kummergässlein immer noch privatinitiativ beleben. Einfach unsern Gummibaum daheim nei ins Kabrio auf den Rücksitz und in der Wö hin und her fahren. Ein wahres Sägen für die Südstadt. Und notfalls kann man den Gummibaum auch tragen. Aber Obacht auf die Stromkabel der Straßenbahn, gell!

Soko Schnarchzapfen

»Ner, gut Nacht – edz werd's obber Dooch!«, pflegt der althergebrachte Nürnberger (wie natürlich auch die -in) auszurufen, wenn er (sie) sich über einen Vorgang außerordentlich tiefgreifend wundert. Dieser meiner Tag-und-Nacht-Verwunderung möchte ich hiermit auch Ausdruck verleihen, indem es in mein Kolibri-Hirn ums Verreckn nicht hineinwill, warum jetzt auf einmal die Nürnberger Polizei dran schuld sein soll, dass neulich einige Spaziergänger – 18 Stück sollen es insgesamt gewesen sein – die Frische einer schönen Februarnacht genutzt haben, um, vermutlich nach einem langen, sauerstoffarmen Fernsehabend, noch einmal ein bisschen Luft zu schöpfen. Und was eignet sich zu so einem Vorhaben besser als teils die lieblichen Auen rund um die Flüchtlingsunterkünfte in den Grundig-Türmen an der schönen Beuthener Straße, teils das bekannte Nahwander- und Fossiliensammelgebiet auf den nur ein paar hundert Meter entfernten, nicht minder beschaulichen Granitfelsklüften der altehrwürdigen Norisring-Tribüne am Zeppelinfeld.

Und jetzt, heißt es, jetzt hätte es sich bei den fröhlichen Nachwanderern auf einmal um einen nationalen Spähtrupp weitgehend hirnamputierter Neu-Hitleristen, das Dritte Reich verkörpernder Vollidioten gehandelt! Weiters munkelt man, sie, die mutmaßlichen Vollidioten, hätten Parolen völkischer Art von sich gegeben und ein großgermanisches Volkslied geschmettert, unter anderem die Zeile enthaltend »Von der Maas bis an die Memel«. Anschließend seien sie, die Teilnehmer der Wandergruppe Wodans Erben e.V., ein paar hundert Meter weiter marschiert bis zur erwähnten Norisring-

Tribüne, hätten dort an Stelle des ursprünglich geplanten Faschingszugs einen an frühere Usancen angelehnten Fackelzug veranstaltet, die ganze Angelegenheit sauber abgefilmt und ins Rindernet gestellt, damit jedermann überprüfen kann, woher bei uns der Wind weht. Und ich wiederhole es jetzt noch einmal, damit man meine eingangs erwähnte Verwunderung besser verstehen kann: An dieser Veranstaltung soll die Nürnberger Polizei schuld gewesen sein!

Sie, die Polizei, heißt es, sei ihrer Pflicht eher unlustig nachgekommen, habe die in keiner Weise genehmigte Gedenkstunde an die Herren Hitler, Göring, Goebbels oder Streicher nicht annähernd im Keim erstickt und sei womöglich auf dem rechten Auge blind. Ner, gut Nacht – edz werd's obber Dooch! So ein Vorwurf schreit doch zum Himmler, oder?! In der Beuthener Straße des späten Abends ein bisschen aufmarschieren – das wird man doch noch dürfen, ohne dass man gleich von der Polizei daran gehindert wird. Und dass sich dort aus Versehen Flüchtlingsunterkünfte befinden, kann doch kein Hinderungsgrund sein. Ganz richtig hat die dort zur Aufrechterhaltung der Ordnung eingesetzte SoKo Schnarchzapfen an Ort und Stelle eruiert, dass die Wandergruppe auch aus ortsunkundigen Teilnehmern bestanden und somit vom unvermuteten Auftauchen von etwaigen Flüchtlingsunterkünften, Ankerzentren etc. nicht die leiseste Ahnung gehabt hat.

Dennoch haben die Polizisten in ihrer Einsatzfreude gegen eventuelle Nazi-affine Umtriebe nicht gezögert und den Flaneuren an der Beuthener Straße sogleich mit einem sogenannten Platzverweis das Hand- bzw. Fußwerk gelegt. Und zwar einen Platzverweis nicht im Umkreis von zwei oder zwanzig, sondern sage und schreibe von zweihundert (!) Metern. Eine Maßnahme, die an Schärfe wahrhaftig nichts zu wünschen übrig lässt. Und was das Absingen der verbotenen Strophe der altgermanischen Hymne betrifft – auch da haben eigens an den Ohren gesondert ausgebildete Beamte der SoKo Schnarchzapfen ganz genau hingehört und eindeutig festgestellt: Die von einigen offenbar halbtauben Kritikern im Nachhinein festgestellten Worte »Von der Maas bis an die Memel« haben sich als vollkommen harmlose gesangliche Vorfreude auf das melodisch arrangierte, baldige Stillen von Durst und Hunger herausgestellt – von der Maß (Bier) bis an die Semmel (Sardinaweggla).

Bleibt noch das gemeinschaftliche Entzünden von Fackeln auf dem vom GröArschaZ (Größten Architekten aller Zeiten), Herrn Albert Speer, errichteten und inzwischen leicht hinfälligen Gebäude. Auch in diesem Fall hat die SoKo Schnarchzapfen dem Dienstmeineid gemäß ihre Pflicht voll und ganz erfüllt. Nicht keiner oder nur einer der Ordnungshüter hat die Vorgänge auf jenem Steinbruch in aller gebotenen Aufmerksamkeit verfolgt, sondern eine komplette Zweier(!)-Gruppe ist dort Posten gestanden und hat trotz des angeblich blinden rechten Auges auf das Schärfste, mit allen zur Verfügung stehenden Dioptrien, Obacht gegeben, dass durch die Fackeln nicht aus Versehen ein Funkenflug entsteht und die sowieso schon bröckelnden Tribünensteine in Brand setzt. Das hätte uns dann noch gefehlt! Dass auf einmal keine Norisring-Tribüne mehr da ist und man zu ihr keine Wallfahrten oder Nachtwanderungen mehr veranstalten kann. Selbst der Vorwurf, ein Fackelzug zu jener Tribüne erinnere an irgendwelche alte, angeblich nicht so ganz geglückte Zeiten, hat von der SoKo Schnarchzapfen leicht entkräftet werden können:

Die Tribüne ist sehr schlecht beleuchtet, ohne Fackeln sieht man nachts nix, und es kann schnell einmal zu Abstürzen oder Kopfverletzungen kommen, auch wenn der normalerweise ein Hirn beherbergende Kopf, wie im geschilderten Fall, offenbar gar nicht existiert.

Für ihr unsichtiges Handeln und die Verdienste um das Nürnberger Nachtwanderwesen soll die SoKo Schnarchzapfen am übermorgigen Aschermittwoch ausgezeichnet und mit einem Buchgeschenk für die Polizei-Bibliothek belohnt werden. Das Buch heißt »Eine Kindheit«, verfasst von dem 1937 zwangsemigrierten Fürther Schriftsteller Robert Schopflocher. Und über die Folgen von Fackelzügen heißt es dort: »… Anfang der Dreißigerjahre war es auch, dass ich als ABC-Schütze nach und nach das von außen auf mich eindringende Grauen zu spüren bekam, das meine Heimat für ihre jüdische Minderheit parat hielt. In winzigen Dosen wurde uns das Gift verabreicht, und gerade darin lag die Gefahr …«

Spring, Stadtgärtner, spring!

Immer schon wollte ich einige enorm tiefgreifende Gedanken über die zweitschönste Tätigkeit im menschlichen Dasein zum Besten geben. Jetzt endlich ergibt sich dazu eine gute Gelegenheit, denn es bricht nunmehr mit aller Macht der oder die Springtime an. Früher Frühling genannt, aber Springtime ist deutlich treffender, denn es springt jetzt, so er nicht dem Zölibat anbefohlen ist, der Rammler auf die Osterhäsin, springen wieder Zecken & Zünsler durch Feld, Wald und Flur, und Gott sei Dank ist gestern Nacht aus einem Grund, den kein Mensch kennt hat, die Uhr um eine Stunde vorwärts gesprungen, sodass wir die nächsten Tage, Wochen und Monate wie gerädert durch unser Großstädtlein taumeln und infolge der von höheren Mächten ersonnenen Zeitumstellung fest überzeugt sind, es handle sich bei ihm, unserem Städtlein, um den Nabel der Welt.

Aber wieder zurück zu den erwähnten Stätten unserer Sehnsucht: Feld, Wald und Flur. Alle drei Erscheinungen muss es früher einmal gegeben haben, andernfalls gäbe es ja die drei dazugehörigen Worte nicht – Feld, Wald und Flur. Felder jedoch können, wenn überhaupt, nur noch unter riesigen Glasvitrinen oder Pflanzenaquarien im Knoblauchsland besichtigt werden, Wald ist, warum auch immer, weitgehend abgeholzt, und an die Flur erinnert einzig und allein noch die südlich des Nordklinikums befindliche Flurstraße. Bliebe also uns Feierabend-Krauterern lediglich das Gärteln auf einigen Quadratmetern Brachland, beziehungsweise Brachstadt, doch auch diese, wie oben beschriebene zweitschönste, meist at springtime anhebende Tätigkeit muss vor Kurzem scheint's das Zeitliche gesegnet haben, denn dem *Praktischen Gartenratgeber, Fachzeitschrift für Gartenfreunde, Kompetenz und Erfahrung seit 1893* (so der vollständige Titel) habe ich dieser Tage entnommen: »Vertical Gardening ist derzeit sehr im Gespräch.«

In meinem stets griffbereiten dictionary Englisch-Deutsch, Deutsch-Englisch habe ich auf Seite 585 in Erfahrung bringen können, dass wir bei jenem vertical gardening mit dem Phänomen des senkrechten Gärtnerns konfrontiert sind, also einer Sportart, die unter Umständen aus dem climbing oder boldering entwickelt worden ist. Inwieweit eine Staude Kopfsalat, ein hoffentlich schwindelfreier Kohlrabi, ein Zwetschgerbaum in der Lage sind zu climben, boldern oder vertical in der Luft zu bambeln, sei einmal dahingestellt. Für den Menschen, den little gardener, den Kleingärtner, wird es jedenfalls eine deutliche Verbesserung sein, Obst, Gemüse und Nordfrüchte sinkright, also senkrecht anzubauen. Den alten mountainclimbersong »Mit Seil und Haken, den Tod im Nacken, so hängen wir in der Wand, holladihoo, holladihöö« auf den Lippen, lassen wir uns im Klettergurt gesichert von den Zinnen unserer Wohnburg herab in Klüfte und Schluchten, säen im Vorbeiflug Bohnen, Spinat oder gar ein vertical cornfield, eingedenk der alttestamentarischen Anordnung (1. Mose 3,19) »Im Schweiße deiner Kletterschuhe sollst du dein Brot essen, bis dass du wieder zu Erde werdest, davon du genommen bist.«

In der Nürnberger South town, der Südstadt, entsteht derzeit bereits die erste vertical meadow, eine grüne Wiese also, der bald viele weitere vertical meadows folgen werden. Sollte man sich in sie eines schönen Frühlingstages hineinlegen wollen, ist zu beachten: Nie mit dem Kopf nach unten, sonst sammelt sich zu viel Blut im Hirn, und es könnte dadurch zu schwerwiegenden Gedanken kommen.

Natürlich muss der senkrechte gardener wissen, dass jenes vertical gardening keineswegs der Ursprung des gardenings an sich ist. Vielmehr ist das gardening in unserer hiesigen Sprache als urban gardening eines Tages oder auch Nachts aufgetaucht, um eine Angelegenheit zu benennen, für die es bekanntlich seit Menschengedenken keinen besseren Begriff gibt. Das urban (sprich: örbän, nicht verwandt, nicht verschwägert mit H. Seehofers Unratgeber V. Orban) gardening übt man in mobilen Holzkisten auf städtischen Flächen aller Art aus, von denen man urbaner-, also städtischerseits in regelmäßigen Abständen immer wieder einmal vertrieben wird, ähnlich wie seinerzeit aus dem paradise. Man schultert dann seine mobile flowercoalbox, die bewegliche Blumenkohlkiste, und begibt sich frohgemut zum nächsten urban gardening place, wo dann vielleicht auch lion's tooth and forget me not (Löwenzahn und Vergissmeinnicht) die Chance haben, einige Stunden oder gar Tage zu erblühen. Später fallen sie natürlich dem uncrowd zupfing zum Opfer. Neben dem vertical und dem örbän gardening kennt der gardener und die gardenerin noch das in vielen Fachzeitschriften immer wieder gern gepriesene urban farming, sowie das balcony und indoor gardening. Zu letzterer Tätigkeit, dem indoor gardening, empfiehlt die sehr informative Broschüre *Frühling in der Stadt* einen, wörtlich, »indoor-Kräutergarden in edlem Gehäuse aus Cromargan mit intelligentem (!) Bewässerungssystem und Easy-Touch-Funktion«; so groß wie ein Zigarrnkistla zum Sonderprice von nur 54,99 Euro.

Mit zwei Aphorismen möchte ich jetzt meine Betrachtungen über das gardening schließen. Die eine lautet: »Do you me into in april, come I, when I will – do you me into in may, come I equal.« In eine frühere, flüchtige Sprache übersetzt: »Dousd mi nei im April, kumm i, wenn i will – dousd mi nei im Mai, kumm i glei.« Also Obacht beim Neidou, gell! Und das zweite Wort stammt von Heinrich Heine (1797–1856): »Am leuchtenden Frühlingsmorgen geh ich im Garten herum. Es flüstern und sprechen die Blumen, ich aber, ich wandle stumm.«

Das Gesetz zur strikten Einhaltung eines immerwährenden Wirtschaftswachstums hat, wie jeder BWL-Bädscheler weiß, der Himpfelshofer Unendlichkeitsforscher und studierte Flickschuster Prof. Dr. Dr. Drieferlein erfunden. Und wo etwas, diesem Gesetz zufolge, immerwährend wächst, da schwindet naturgemäß auch was, damit das Wachsende wieder einen Platz hat. Diesen Vorgang kann man gerade bei uns in der ebenfalls immerwährend wachsenden Stadt Nürnberg sehr gut beobachten. Zum Beispiel gleich hinter Fischbach oder in der Regensburger Straße oder draußen an den Gestaden des Kanalhafens oder zwischen der Gartenstadt und dem Steinbrüchlein oder noch besser am Schmausenbuck.

Überall wachsen dort Gewerbegebiete, zwölfspurige Autobahnen, Sandgruben, sogenannte Overfly oder halt einfach einmal von allen Seiten gut einsehbare, äußerst freie Flächen, über deren baldige Nutzung im Rahmen des Wirtschaftswachstums das letzte Wort noch nicht gesprochen ist. Auf diesen Flächen hat bis vor Kurzem noch ein Wald sein Unwesen getrieben, der gemäß geltendem Wachstumsrecht nunmehr weichen muss, beziehungsweise und Gott sei Dank bereits gewichen ist.

Natürlich bfobfern in diesem ehemaligen Reichswald, verschmitzt auch Bannwald genannt, immer noch einige, meist überalterte und infolgedessen völlig unaufgeklärte Menschen umeinander und äußern sich dahingehend, dass ein Wald an sich eine schöne Angelegenheit sei, ja sogar eine dringend notwendige. Diese – man kann es nicht anders ausdrücken – rückläufigen Deppen irren sich gewaltig. Sie wissen nicht oder wollen es nicht wahrhaben, dass sich in früheren Zeiten, nur zum Beispiel, einmal ein Hänsel und eine Gretel verlaufen haben, dass sich in ihm, dem Wald, neuerdings Wölfe, Wildsäue und andere Unholde immer breiter machen, und dass Jogger und Mountainbiker sich nicht selten an Waldbäumen derhudzn. Auch sieht man einem alten Sprichwort zufolge manchmal den Wald vor lauter Bäumen nicht. Letzterem wird momentan am Schmausenbuck nachdrücklich Einhalt geboten.

Mit Hilfe emsig wütender Harvester, mithin sehr sägensreicher Panzermähwagen, werden dort Waldlichtungen ungeahnten Ausmaßes erzeugt, sodass der früher vollkommen versperrte Blick von der Siedlerstraße aus zu dem anmutigen Altershochhäuslein in der Bingstraße nahezu ungetrübt erfolgen kann. Die bis dato störenden Bäume ruhen zu Tausenden sauber gestapelt auf dem ehemaligen Waldboden und künden von unserer Weitsicht. Ich meine damit nicht nur die wunderbare Weitsicht zwischen Siedler- und Bingstraße, sondern auch jene durch das erwähnte Wachstumsgesetz in die Welt gesetzte. Es ist nämlich so, dass der vor genau 650 Jahren von einem Herrn Stromer zur Förderung des Wachstums von gut funktionierenden Kriegswaffen gepflanzte Steckerlaswald im Lauf der Zeit nicht nur Waffen und Brennholz erzeugt hat, sondern auch Schädlinge. Unter anderem Kiefernspanner, Minimiermotte, Borkenkäfer. Des Weiteren hat einer der ganz wenigen zweibeinigen Schädlinge, der Mensch, mit Hilfe einiger von ihm erdachter Maschinen im Lauf der Zeit den Feinstaub erfunden, die Stickoxide, das Ozonloch und die Erderwärmung und so weiter. Und deswegen müssen jetzt, sagt das Forstamt, die Bäume am Schmausenbuck schnellstmöglich das Zeitliche segnen, gleich den Bäumen hinter

Fischbach, am Autobahnkreuz Nürnberg-Ost, die bereits zu Hackschnitzel verarbeitet worden sind, damit man dort mit immer mehr Giga-Linern wesentlich zügiger und wachsdümmer weitere Feinstäube, Stickoxide und Erderwärmungen herstellen kann, was wiederum ein paar Kilometer weiter östlich erneut und hoffentlich in baldigster Bälde weitere flächendeckende Baumfällungen zur Folge hat. Dieser perpetuum-mobile-artige Kreislauf kann aber nur bewahrt werden, wenn wir hiesigen Hirn-heiner uns gefälligst auch an das von Prof. Drieferlein erdachte Wachstumsgesetz halten und von Tag zu Tag ein bisschen mehr prassen, dass es nur so scheppert, im Einkaufswäächala und am Overfly.

Dieter Wieland, ein einst unermüdlicher Monitor und Konservator beim *Bayerischen Rundfunk*, hat es vor 20 Jahren in einem Film über den Steckerlaswald und seinen betriebswirtschaftlichsten Schädling so gesagt: »Der Nürnberger Reichswald ist der älteste Kunst-Forst der Welt, und seine Geschichte ist die Geschichte der Unfähigkeit des Menschen.« In unsere Sprache über-setzt: »Schau hii, die Närmbercher Reichswüste – fei alles selber gmachd!«

Womöglich verfügen Sie auch über eine original Nürnberger Bildungslücke, indem Ihnen die Namen Willi Händel und Karl Vogt nicht mehr so ganz geläufig sind. Jener Willi und der Karl haben seinerzeit einen wahrhaftigen Weltschlager erst aufgeschrieben und anschließend ungefähr hunderttausend Mal gesungen, nämlich *Die Beine*. Beziehungsweise *Die Baa*. Ich habe mir diesen sehr schönen Text wieder einmal aus meiner Erinnerung mühselig herausgegraben, und zwar deswegen, weil es in ihm, dem Text der 2 Nürnberger Bäiderlasboum, unter anderem heißt: »… däi Baa, däi alt'n Baa, däi taung zu nix, däi zwaa«. Was will uns dieser Text sagen? Er bringt uns schonend bei, dass der Mensch wie auch die Menschin sehr unvollkommene Wesen darstellen. Denn Menschen schätzen nichts so sehr, wie – heißt es ja immer in einschlägigen Schriften zur Mobilität – von A nach B zu gelangen. Aber womit?

Ganz früher, wo der Mensch noch sesshaft war, hat man niemals von A nach B gelangen wollen, erst mit Beginn der Völkerwanderung ist die Mobilität akut geworden und man ist mit den von den Bäiderlasboum besungenen Baa von A nach B gewandert oder von U nach X oder wohin auch immer. Da sie aber, siehe oben, zu nix mehr taugen, die Baa, ist das Rad erfunden worden, später das Hochrad, das Auto, das Motorrad, das Fahrrad, die Eisenbahn, die Straßenbahn, das Taxi, die U-Bahn, in Nürnberg die fahrerlose U-Bahn, die jährliche VAG-Tariferhöhung, das Flugzeug, das Kreuzfahrtschiff, der ICE, das Leihrad, das Pedelec, das E-Fahrrad, der oder das Segway, der Treppenlift, die Mars-Rakete. Und das war es dann fast schon. Also derartig unzureichend, dass es zum Himmel schreit, wo man ja eines Tages auch einmal hinkommen möchte, also von E nach E, von der Erde direkt in die Ewigkeit.

Und angesichts der wahrlich erbärmlichen Auswahl an Fortbewegungsmitteln ist es unserem Vergnügungswart und Fortbewegungsminister, Herrn Ex-Dr. A. Scheuer, gelungen, auch in Nürnberg die Dürftigkeit im menschlichen Transportwesen ziemlich großartig anzureichern, respektive kleinartig. Und zwar mit dem sogenannten E-Scooter. Er fährt mit Elektrizität, kann unter Umständen an die Stromkabel der Straßenbahn angeschlossen werden, kostet zwischen 500 und 2.000 Euro und bewegt sich mit 20 Stundenkilometern fort, in Nürnberg momentan aber nur noch mit ca. 0 Stundenkilometern. Scooter, also Roller, sind vor Herrn Ex-Dr. A. Scheuers Forschungen schon gebräuchlich gewesen, in ihrer Form als Tret- oder Wipproller, neu ist das E und das Wort Scooter. Dass man mit jenem E-Scooter momentan bei uns, im Gegensatz zum Tret- oder Wipproller, aber allerhöchstens von A nach A gelangen kann, also nicht besonders weit, liegt an der erregt geführten Debatte im Rathaus, wo der E-Scooter in der bestimmt sehr schönen elektrischen Zukunft verkehren soll: auf der Straße, auf Fahrradwegen, auf Gehsteigen, auf nichtöffentlichen Plätzen oder in den Rathausgängen. Ich vermute, man wird bei uns in Nürnberg ähnlich verfahren wie mit dem Leih-, E-, oder Privat-Pedelec bzw. -Fahrrad – also einen Beschluss herbeiführen, dass man eines Tages E-Scooter-Wege errichtet.

Die ältere Generation von Fortbewegern, etwa die über Dreißigjährigen, wird allerdings nicht mehr in den Genuss von E-Scooter-Wegen kommen, da zunächst einmal der Beschluss zum Bau von Fahrradwegen einer wenigstens annähernden Realisierung harrt. Voraussichtlich am bekannten St. Nimmerleinstag wird es so weit sein. Bis dorthin wird sich aber auch der Weg durch unsere berühmte Nürnberger Luft – mit dem E-Scooter im Schleudergang durchaus denkbar – als vorläufige Fahrtstrecke nicht anbieten, da dort schon bald das von der bayerischen B-Ministerin Dorothee Bär erfundene heiße Luft-Taxi nicht nur von A (Almoshof) nach B (Buchenbühl), sondern wahrscheinlich auch von F (Fürth) nach H (Himpfelshof) fliegt. Zudem hat Herr Ex-Dr. A. oder B. Scheuer erneut einen Forschungsauftrag auf den Luftweg gebracht, nämlich den fliegenden S(Sauerkraut)-Mensch: Propeller in das wichtigste menschliche Abgas-Organ, in den Hintern, fünf Pfund Sauerkraut in den Tank und bffffffforchchch up, up and away von LA (Lorenzer Altstadt) nach K (Kläranlage). Und wenn gar nix mehr hilft, dann machen wir uns halt die noch nicht ganz geklärten Gedankengänge der VAG zunutze, die jetzt das ungefähr fünfmal gescheiterte Projekt Leihrad übernimmt, und erfinden, wenn laut Bäiderlasboum die alt'n Baa für die Fortbewegung nicht mehr geeignet sind, jeweils ein Paar Leih-Beine.

Nürnberger Nächte sind lang

Neulich war worldwide, mithin auch in unserer demnächstigen Kulturbeutel-City, war Dingsbums schwierigstes Wort, also nicht Dingsbums, sondern: Earth Hour! Gesprochen Öööörs Aua. Oder auf oridschinäl Old-Närmbercherish eine deep darkness zwischer Finsder und Siggsdminedd. Als Mahnwache für den ganz früher des Nachts ja auch fast vollkommen unbeleuchteten Planeten Erde (von Glühwürmla, Gewittern, Mond etc. einmal abgesehen) haben die Nürnberger Mahnwachteln die Bestrahlungen einiger öffentlicher Gebäude wie Kaiserburg, Opernhaus, Lorenz-, Frauen- oder Sebalduskirche eine Stunde lang, zwischen 20.30 und 21.30 Uhr, ausgeschaltet. Die Folgen waren, wie man sich denken kann, bedenklich, um nicht zu sagen verheerend: Die gesamte Altstadt ein Irrhain sondersgleichen, Zehntausende völlig orientierungsloser Menschen, Stolperungen, Kopfanhudzungen schlimmsten Ausmaßes, Hilfeschreie Goethe'schen Gewichtes nach mehr Licht und andere schlimme Vorkommnisse haben unser einstündiges Dunkelkämmerlein in Angst und Schrecken versetzt.

Aber jetzt, nur wenige Wochen nach Nürnbergs finsterster Stunde, erhellt es sich wieder – am kommenden Samstag unmittelbar nach Sonnenuntergang dank der Blauen Nacht mit ihren vielfältigsten Illuminationen. Es werden ihr zahlreiche beleuchtete Nächte folgen, etwa die Lange Nacht der Kultur, die Lange Nacht der Alten Musik, die Lange Nacht des Spielens, die Lange Nacht der Konsulate, was immer das zu bedeuten hat, die ebenfalls sich nicht gänzlich erschließende Lange Nacht der Hausarbeiten, einige Zeit später die Lange Nacht der

Wissenschaften, die Lange Nacht der spirituellen Lieder, die Lange Nacht des Einkaufens, fränkisch Shopping, die Lange Nacht der Berufswelt, die Lange Nacht des Schreibens und noch viele weitere lange Umnachtungen, in denen sämtliche Funzeln erstrahlen, dass mancher Armleuchter ganz blass vor Neid wird. Alles ist in ein teilweise nicht nur sehr schön gleißendes, sondern vor allem auch elektrisches Licht getaucht, das wir vor einigen Wochen bei der erwähnten Öööörs Aua so sehr vermisst haben.

Es leuchten oft bis in die frühen Morgenstunden sämtliche Staatstheater, alle Museen, viele Schulen, Kirchen, Banken, das Dürerhaus, der Weinmarkt, der Hauptmarkt, der Obstmarkt, das Rathaus, das in ihm befindliche Aborthaus, das Fembohaus, das Pellerhaus, diverse Prellerhäuser, Bibliotheken, Brücken, das Heilig-Geist-Spital und natürlich die Kaiserburg.

Der eine oder die andere mag jetzt möglicherweise einwenden, man könne beispielsweise ein Museum, eine Brücke oder einen Hauptmarkt ohne Weiteres auch tagsüber inspizieren, besuchen, betrachten. Ja freilich! Noch blöder geht's wohl nimmer, hä?! Oder sind vielleicht ein Hauptmarkt, eine Max-, Karls- und Museumsbrücke tagsüber beleuchtet?! Zudem soll so ein Möchtegern-Tagwandler bedenken, dass in jener erleuchteten Blauen Nacht mindestens 150.000 Besucher erwartet werden, wenn nicht sogar 200.000. Du bist also als Besucher der Blauen Nacht nicht einsam, verlassen, voll isoliert und vergessen, sondern wohlig eingebettet in eine christkindlesmarktartig ein- und ausschwärmende, zweihunderttausendköpfige und doppelt so vielbeinige und -ellbogige Menschheit, sodass du keinesfalls schwermütig wirst vor einer etwaigen Ödnis in einem Neuen Museum.

Nicht in Maßen, nur in Massen und möglichst blau und übernächtigt können wir nachhaltig genießen.

Und auch ein weiterer Einwand gegen schöne Groß-veranstaltungen kulturellster Art, nämlich jener gegen die bei der Öööörs Aua irrtümlich angemahnte Ener-gieverschwendung, kann erwachsenenleicht entkräftet werden, was ich hiermit schlagartig beleuchten möchte: Viele werden es nicht wissen – die tagsüber oft sinnlos vergeudete Sonnenenergie wird, wenn wir so weiter-machen, nach eher vorsichtigen Schätzungen schon in den nächsten fünf bis sieben Milliarden Jahren unwei-gerlich zur Neige gehen, indem dann nämlich die Sonne explodiert – und aus is mit einem Museumsbesuch am hellichten Tag.

Die Blaue Nacht und die auf sie folgenden Langen Nächte sämtlicher Fakultäten – was sollen sie also vor allem sein? Genau! Eine Mahnung an uns Nürnberger, die Sonnenenergie nicht sinnlos zu vergeuden! Sonst schauen wir in spätestens sieben Milliarden Jahren ganz schön blöd aus der Wäsch. Beziehungsweise in ein schwarzes Loch. Und wofür dann neulich die einstündige Öööörs Aua mit der partiellen Stadtverfinsterung gut war? Nur der Nachtgieger weiß es, und der nicht genau.

Frauenstreik für den Mamikan

Jetzt aber Obacht, Herrschaften (Betonung auf »Herr«), denn es herrscht (Betonung wiederum auf »Herr«) Palastrevolution, Insubordination größten Ausmaßes, Meuterei, Aufruhr mit höchstwahrscheinlichem Auseinanderbrechen des bekanntlich gottgegebenen Weltgefüges! Tatort zunächst ein nur aus dem Fernsehen bekanntes Münster, aber schon greift es über in die Erzbisdümmer Bamberg und Eichstätt, mithin auch nach Nürnberg, Fürth, Erlangen, Schwabach oder Unterrüsselbach. Zwar nicht ganz so schlimm wie der das Universum voll chaotisierende Abstieg des Club aus der 1. Bundesliga, aber dennoch auch enorm verderbenbringend, luziferhaft und apokalyptisch: Kirchenstreik der katholischen Frauen! Schon sind am gestrigen Sonntag in der Frauenkirche, in Sankt Elisabeth oder auch Sankt Hedwig einige Plätze leer geblieben – und das ausgerechnet am heiligen, teilweise sogar verkaufsoffenen Muttertag, an dem wir, die naturgemäßen Herren der Welt, unserem Mütterlein die höchsten Ehren erweisen, die man sich mit unserem Hirn ausdenken kann: an die eineinhalb Stunden lang kostenloses Mittagessen beim *Igel-Wirt* in Osternohe inklusive eine Geschenkpackung Mon Chéri plus Fertigsträußlein Maiglöckla. Und zum Dank dafür rütteln sie jetzt an den Grundfesten unserer biblisch-dogmatischen Vormachtstellung, an jenen Grundfesten, die da lauten: innere und äußere Schönheit des Mannes, immerwährende Weisheit, immense G'scheitheit und Einzigartigkeit. Tugenden also, über die eine Frau halt nun einmal nicht verfügt. Oder um es mit dem außerordentlich heiligen Thomas von Aquin (1225–1274), bestem kirchlichen Denker aller bisher bekannten Zeiten, zu sagen: »Der wesentliche Wert der Frauen liegt in ihrer Gebärfähigkeit und in ihrem hauswirtschaftlichen Nutzen.« Amen.

Zudem ist auch aus dem Alten Testament hinlänglich bekannt, wie die Frau an sich seinerzeit entstanden ist: Gott persönlich hat sie aus einer Rippe des Mannes gefertigt, irgendwie herausgelöst. Und jetzt will dieses hauswirtschaftliche Nutzwesen, dieses in der Küche umherwandelnde Schälrippchen ausgerechnet den einzigen rechtgläubigen Aufsichtsrat des Universums, den Vatikan, dahingehend belehren, dass die Frau dem Mann ebenbürtig, ja gelegentlich vielleicht sogar überbürtig ist. Soll wahrscheinlich heißen: Pass bloß auf, Herr Pontifex Maximus, der Tag ist nicht fern, wo wir aus dir einen Minimus machen! Und in absehbarer Zeit dann aus dem Konklave in Rom ein rosa Rauch aufsteigt und eine Kardinälin im Mamikan statt im Vatikan verkündet: »Habemus Mamam!« Hinfort wollen sie also nicht mehr die doch durchaus jeden Mann zufriedenstellenden und auch von Gott zugeteilten Tätigkeiten ausüben wie etwa Kerzen in der Kirche anzünden, Weihrauchtöpfchen schwenken, schöne Geschichten aus der Bibel vorlesen, kranke Menschen pflegen, Kinder auf die Welt bringen, Kinder betreuen, dem Herrn Pfarrer sein Leibgericht kochen, das Bier aus dem Keller holen, also nicht mehr auf allen Ebenen dem Mann untertan sein, sondern – da sträubt sich einem direkt der Schreibfinger – gleichberechtigt. In der allein selig machenden katholischen Kirche! Eine Priesterin in der Frauenkirche, eine Erdbeerschorschin in Bamberg oder Eichstätt, eine Päpstin in Rom – da herrsche, beziehungsweise frausche dann endlich auch in der Kirche eine Demokratie, eine Transparenz, da sei endlich Schluss mit dem Zölibat, mit dem hunderttausend-, wenn nicht millionenfachen Kindsmissbrauch unserer obersten Moralapostel. Sagen sie allen Ernstes. Wo wir doch ganz genau wissen, dass es 1. einen sexuellen Missbrauch von Kindern viele Jahrhunderte lang überhaupt nicht gegeben hat und 2. falls irgendwo und irgendwann doch, es in einigen Hundert Jahren mit gut deckender schwarzer Tusche aufgearbeitet wird, und dass dies 3. mit einem Zölibat, der vor ungefähr 900 Jahren erfundenen Enthaltsamkeit im menschlichen Orgasmuswesen, überhaupt nichts zu tun hat. Wer nämlich in einer extrem selten vorkommenden dunklen schwülen Stunde von einem sogenannten Zölibatscher befallen wird, der hat sich seit Menschengedenken und nach theologisch voll erforschter Erkenntnis ganz einfach mit einem irgendwie chemisch-seelisch wirkenden Vorgang beholfen. Hat ein Weihbischof vor noch nicht allzu langer Zeit nahezu ex cathedra wie folgt festgestellt: »Man kann sexuelle Energie durch Sublimierung in geistige Energie umwandeln.« Oder anders gesagt: Wenn's untenrum wieder einmal pressiert, wird man oben im Hirn wieder ein schönes Stück g'scheiter. Ein Veredelungsprozess, von dem eine Frau gemäß Herrn Thomas von Aquin, und nicht nur dem, keinen Schimmer hat. Er, der seinerzeitige Kirchen-Chefdenker aber schon, indem er gegen Ende seines Lebens die Niederschrift von zukünftigen Dogmen komplett eingestellt hat. Mit der verbrieften Begründung: »Alles, was ich bisher geschrieben habe, erscheint mir wie Stroh zu sein …« Einen erfolgreichen Frauenkirchenstreik!

Die Torheiten des heiligen Club

Leute und Leutinnen, ich bin dir vielleicht ein Depp! Eigentlich schon immer, aber volldeppenhaftig erst seit gut einer Woche. Weil ich nämlich vor neun Tagen infolge kompletter Hirnleere in Verbindung mit extremer Charakterabwesenheit die Weihestätte des heiligen 1. Fußballclubs Nürnberg beim beachtlichen 0:4 gegen Mönchengladbach bereits nach dem dritten Gegentor verlassen hab. Und auch noch mumbfelnd und bfobfernd – aus dem völlig unverständlichen Grund, dass dieser heilige 1. Fußballclub Nürnberg lediglich das vollbracht hat, was er (deutschland-, wenn nicht sogar europaweit) mit Abstand am besten kann, nämlich absteigen.

Und jetzt hab ich meinen Dreeg im Schächdala, denn ich gehöre durch mein unüberlegtes Handeln leider nicht zu jenen gepriesenen und gebenedeiten Glaubensbrüdern und -schwestern jenes Heiligdumms, die vorige Woche über eine halbe Stunde nicht nur in großer Begeisterung ob des 0:4 und des 9. Abstiegs aus der 1. Bundesliga Mannschaft, Trainer, Vorstandschaft und sich selber aus vollem Hals und übervollem Herzen befrenetisiert, sondern auch das wunderschöne original mittelfränkische Hochzeits- und Waschfrauenlied inbrünstig gebrüllt haben, das da lautet »Walk on, walk on with hope in your heart and you'll never walk alone, you'll never walk alone« und so weiter. Und ich, in schnöder Mumbflkeit, bin also nicht on gewalkt, sondern alone home, with a Drümmer Prass in my heart.

Zu allem Überfluss bin ich dann auch noch am vergangenen Saturday mit ungefähr 3.000 Jubel-Nürnbergern *nicht* bzw. *not* die knapp 900 Kilometer hin und zurück nach Freiburg in den schönen Breisgau gewalkt, um den nicht minder herrlichen 1:5-Badscher gegen den dortigen Sportclub in vollen Zügen und Bussen zu besichtigen. Und jetzt hock ich da in meinem stillen Kämmerlein, with hopelessness in my heart, und kein Mensch walkt mit mir on, weil ich ein alter Mumbflbeck bin.

Aber, last hope, jetzt hab ich einige Monate Zeit, um endlich einmal drüber nachzuthinken, was uns jener heilige Club eine ganze Saison lang dargebracht hat, wie er sein Füllhorn über uns Feier-Fenz Woche für Woche ausgeschüttet hat, dass wir eigentlich gar nicht anders können, als uns jeden Abend mit einem allerherzlichsten »Walk on, walk on« in den am Valznerweiher beheimateten Tiefschlaf einzulullen.

Bekanntlich gibt es beim Fußball insgesamt zwei Salze in der Suppe: Siege und Tore. Und mit beiden Salzen hat uns der heilige Club wahrlich und über alle Maßen verwöhnt. Lassen wir die Salze während des leisen Absummens von »Walk on, walk on« noch einmal Revue passieren. Am 8. Juli des Jahres 2018 ein 5:2-Kantersieg gegen Erlangen-Bruck. Walk on, walk on. Am 12. Juli 3:0 gegen Seligenporten. Walk on, walk on. Gegen Würzburger Kickers 4:0, Valladolid mit 1:0 in die spanische Wüste geschickt, ein glorreiches 2:1 gegen den südbadischen Oberligisten SV Linx, 5:1 gegen die Reserve von Mladá Boleslav. Walk on, walk on. Dann last but glorious lost: die Tore! Sieben Stück gegen Dortmund, sechs gegen Leipzig, fünf gegen Schalke und jetzt zu sehr guter Letzt noch einmal fünf gegen Freiburg. Ein Tor schöner als das andere! Zwar weniger für den Club als vielmehr für Dortmund, für Leipzig, für Schalke und für Freiburg. Aber Tore sind Tore sind Nordkurve. Walk on, walk on.

Damit ist der Salzgehalt des Zerzabelshofer Meeres, des Valznerweihers, noch lange nicht am Ende: Nicht zu vergessen ist der Trainer mit Beherrschung der 17-fachen Taktik (oberpfälzisch auch »Philosophie« genannt) während eines einzigen Spiels und der Erfindung des fußball-wissenschaftlichen Leersatzes »Ever change a winning Team« (auf mittelfränkisch: Nürnberger Gwerch), die dadurch sage und schreibe 19 (in Worten: neunzehn!) Punkte auf dem Haben-Konto des heiligen Club sowie innerhalb eines Jahres stolze drei Siege, zehn Unentschieden und lächerliche 21 Niederlagen. Walk on, walk on. Nur einmal angenommen, wir hätten in der Bundesliga 22 Vereine, dann wären wir eventuell nicht einmal abgestiegen. Oder aber man macht es wie die wahrscheinlich immer noch jubelnden Nordkurven-Fenz und dreht die Tabelle gemäß den Gesetzen der Schwerkraft einfach um, dann sind wir Deutscher Meister und der Nürnberger Bratwurstkönig und seine Bayern steigen ab. Walk on, walk on.

Und um noch einmal auf das beifallumtoste 1:5 in Freiburg zurückzukommen, für das der inzwischen neue Trainer in seiner Eigenschaft als Hellseher wie immer einen Sieg inklusive deutlicher Dokumentation der Charakterstärke der Mannschaft prognostiziert hatte: Es hätte ohne weiteres auch 1:12 oder 0:13 ausgehen können. Also wieder eine hohe Anzahl wunderschöner, charakterstarker Tore, zwölf bis dreizehn Salze in der Suppe, sodass der Salzgehalt des Valznerweihers schon bald jenen des Toten Meeres übertreffen wird. Salt on, salt on.

Designerstühle in baumfreier Zone

Wahrscheins ist der Fürther Wirtschaftsreferent namens Horst Müller nicht ganz bei Trost. Seit vielen Jahren schon lungert er vor dem Dienstzimmer des Oberbürgermeisters rum und behelligt den Jung mit seinen wahnwitzigen Plänen, dass man die manchmal ein bisschen verödete Fürther Freiheit (nicht die Freiheit an sich, sondern den Platz gleichen Namens) irgendwie, irgendwann eventuell um einige Grade unverödeter gestalten müsste. So lang hat diese wandelnde Nervensäge Müller jenes Herumlungern auf die Spitze getrieben, bis der an sich ziemlich gelassene Oberbürgermeister die ersten Symptome eines Nervenzusammenbruchs in sich verspürt und sodann nachgegeben hat. Letzte Woche ist der neue Fürther Marktplatz, noch dazu feierlich und fröhlich, eröffnet worden. Und zwar mit dem Müller seinen Modulen.

Was ist jetzt ein Modul? Wir in Nürnberg wissen es nicht und müssen es auch nicht wissen. Weil: Wossi nedd waaß, machd mi nedd haaß (auf deutsch »My Hirn is my castle«). Nach sofortig in Angriff genommenen Forschungen seitens des Nürnberger Rathauses soll es sich bei jenem Fürther Modul um ein einigermaßen festes Kleingebäude handeln, in dem man Gemüse aller Art, Speisen, Getränke, Pflanzen etc. feilbieten kann. Womöglich bilden Module also Verkaufshäuslein, wie man sie auch auf dem Münchner Viktualienmarkt finden kann, falls man sie dort suchen sollte, was aber bekanntlich fast niemand macht. Keinesfalls sind es mehr als Zehntausende, die den Münchner Viktualienmarkt täglich heimsuchen.

Der erwähnte Müller hat also diese Module nicht nur erfunden und in die Tat umgesetzt, sondern ist zu allem

Überfluss auch noch der Ansicht, sie, die insgesamt 13 Module auf der Fürther Freiheit, seien mindestens genauso schön wie der Münchner Viktualienmarkt. Auch könne man sie einmal im Jahr, während der Fürther Kärwa, einfach mit einem Kran hochheben und knapp zwei Wochen lang woanders aufstapeln. Die restlichen 50 Wochen im Jahr würden sie auf der Freiheit eine wunderbare Attraktion bilden, wo man unter Bäumen lustwandeln, einen Kaffee, ein Bier oder zwei, einen Wein, vielfältige Mischgetränke, hiesige oder dortige Essenswürdigkeiten zu sich nehmen oder einfach bloß einen Kohlrabi kaufen kann. Dazu, sagt der Müller, würde er auch die Nürnberger Nachbarn herzlich einladen.

Diese Einladung gibt erneut Anlass zu der Befürchtung, dass der Müller tatsächlich nicht alle Module im Gemäuer hat. Soll er halt einmal nüberfahren nach Nürnberg, der Müller, oder wandern, was gemäß einem alten Volkslied bekanntlich seine Lust ist! Wir haben zwar keine Fürther Freiheit, aber dafür einen Nürnberger Hauptmarkt. Und dort herrscht jetzt nach jahrzehntelang gereiften Überlegungen eine Modulhaftigkeit, dass dem Müller Hören und Sehen und vor allem das Stehen vergeht, denn unsere Module bestehen aus – Obacht jetzt, Müller – aus Stühlen! Vor einem Jahr hab ich anlässlich der 1. Nürnberger Hauptmarktstuhlpressekonferenz bereits ehrfürchtig drüber berichten dürfen. Damals waren es nur fünf Stühle, die auf Beschluss des Hohen Rates feierlich am Hauptmarkt installiert worden sind. Später sind sie durch Bierbänke und -tische ersetzt worden, und jetzt sind es wieder Stühle, momentan noch grau, demnächst aber in allen Regenbogenfarben. Das Stück Stuhl zu 400 Euro. Gell, da schaust jetzt, Müller! Mag es solche Stühle auch schon zu 39,90 Euro beim

OBI, Hornbach oder Hage-Baumarkt geben – wir können uns halt die 400 Euro pro Stuhl leisten. Weil wir nämlich bei den ungefähr 250 Hauptmarkt-Eventen im Jahr zum Wegstapeln keinen Drümmer Kran brauchen; das erledigt bei uns der erste Nürnberger Hauptmarkt-stuhlstapler, ein Mann oder eine Männin vom SÖR (Servicebetriebe Öffentliches Rumtragen). Abends sammelt er oder sie die Designer-Stühle, wenn noch welche da sind, ein und stapelt sie im Rathaus; am andern Früh entstapelt er sie sorgfältig und stellt sie wieder auf. Die Entlohnung des Nürnberger Hauptmarktstuhlstaplers erfolgt analog zum Spritzbrunnenaufdreher und Spritz-brunnenabdreher Karl Valentin seinerzeit im Park vom Baron von Rembremerdeng. Apropos Park: Eine Park-landschaft mit Bäumen wie in Fürth auf der Freiheit haben wir schon immer verworfen, denn gerade Bäume sind es ja, von denen uns sonst während des kostenlo-sen (!) Sitzens auf Designer-Stühlen des Sommers die Vöglein auf den Kopf scheißen würden, während uns im Herbst Millionen und Abermillionen Blätter aufs Haupt donnern und in ihm durch die Wucht ihres Aufpralls jeg-liches Nachdenken zunichte machen würden. Und wenn jetzt der Modul-Müller aus Fürth noch wissen will, wofür unsere Nürnberger Stühle gut sind, dann schreibe ich es ihm halt hin: fürn Hintern. Um es einmal sehr vornehm auszudrücken.

Wo ein hip ist, ist auch ein hop

Klar, Nürnberg ist schon schön. Einigermaßen jedenfalls. Aber es haben bis vor Kurzem dieser Stadt auf ihrem Weg in die Zukunft drei wesentliche Eigenschaften gefehlt, die man heutzutage einfach braucht, wenn man durch seine Gässlein viele Millionen, wenn nicht Milliarden Besucher scheuchen möchte. Zum einen war also Nürnberg, wie ein seinerzeitiger Oberbürgermeisterkandidat festgestellt hat, in keiner Weise hip – was auch immer dieses geheimnisvolle, dreibuchstabige Wörtlein bedeuten soll. Zum zweiten sind wir niemals europäische Kulturhauptstädter gewesen, obwohl wir uns es alle aus tiefstem Herzen und sehnlichst gewünscht haben. Dritter gravierender Mangel: Es mangelt uns zwischen Gostenhof und Zabo, zwischen Buchenbühl und Katzwang entschieden an wunderbaren Wolkenkratzern.

Gut, zwei der drei schlimmsten Mängel überhaupt sind inzwischen behoben: Infolge der Verbringung von insgesamt ca. 1.500 Tonnen Wüstensand teils auf den Hauptmarkt, teils auf die Insel Schütt zur Durchführung eines Ballbadscher-Turniers sowie zur Installation eines sogenannten Stadtstrandes an den Gestaden der Bengerz ist Nürnberg derartig hip geworden, dass man es vor lauter Hippiness fast nicht mehr aushält; und europäische Kulturhauptstadt werden wir im Jahr 2025. Höchstwahrscheinlich.

Nur die Sache mit den Wolkenkratzern hat bis vor einigen Tagen schwer stagniert. Aber jetzt scheint es sich auch auf diesem Gebiet zum Besseren, Zukunftsträchtigeren, Höheren, Dünnluftigeren zu wenden. Natürlich vonseiten der einigermaßen christlich-sozialen Union,

welche in Gestalt ihres frisch gekürten nächsten Ober-
bürgermeisterkandidaten Marcus König jetzt schon
ankündigt, dass im Fall seiner als mindestens hundert-
prozentig sicher geltenden Wahl zum König von Nürnberg nächstes Jahr die Stadt immens in die Höhe wachsen wird. »Wenn wir wachsen«, so darf ich ihn zitieren,
»dann in die Höhe.« Neujorg schwebe ihm als sehr gutes
Beispiel vor.

Dieser Feststellung soll eine Marcus-Offenbarung nur
wenige Wochen vor seiner Ernennung zum hiesigen
Lord-Dachdecker vorausgegangen sein, wo er auf den
Zinnen der Kaiserburg (352 Meter über dem Meeres-
spiegel) geweilt und nach einem Blick in die Fläche
ausgerufen haben soll: »Des is doch edzer obber wergli
die Tiefe!« Aus ihr, der flachsten Tiefe weit und breit,
soll also jetzt die Höhe werden. Nur so könne man für
uns schäferstündlich immer mehr werdende Nürnberger einen ausreichenden Wohnraum schaffen. Womit er
natürlich recht hat, der König.

Sind herkömmliche Wohnräume bis jetzt nur ein-,
zwei-, drei-, vier- oder fünfstöckig, allerhöchstens zwölf-
stöckig, so ist die Höhe gerade über Nürnberg, wie namhafte Astrophysiker schon oft errechnet haben, unbegrenzt
und somit unendlich viele Kilometer hoch bebaubar. Und
dass es uns Menschen stets wie magisch keinesfalls in
die Tiefe, sondern vielmehr in die Höhe zieht, war vor
einigen Tagen schon aus jenen Bildern ersichtlich, die uns
vom Mount Everest (8.848 Meter = ca. 3.000 Stockwerke
hoch) erreicht haben. Hunderte, wenn nicht Tausende
höhensüchtige Vollpfosten auf dem Weg zum Gipfel, zum
Glück, und die meisten haben es sogar überlebt!

Natürlich erhebt sich in Nürnberg dann im nächsten Jahr die Frage, wo wir unser neues Neujorg, unsere

bewohnbaren Mount Evereste hinbauen sollen, denn außer der wie erwähnt unbegrenzt zur Verfügung stehenden Höhe braucht man ja auch heute noch wenigstens ein paar Quadratmeter Fläche für das Fundament der neuen Turmbauten zu Nürnberg. Aber keine Angst: Wo ein hip ist, da befindet sich meist auch ein hop bzw. Hobb edzer. Hobb edzer, reiß mer's also ab, unsere Grünflächlein und Stadtparke und Schdeggerlaswäldlein und Kleingärten und dann up, up and away in die schöne, neue und vor allem hohe Zukunft. Übrigens bzw. by the way hab ich jetzt auch lexikalisch eruiert, um was es sich bei dem zwar sehr kurzen, jedoch außerordentlich inhaltsschweren Wörtchen »hip« handelt. Es ist englisch oder amerikanisch und heißt auf Deutsch entweder Hagebutte oder aber auch Hüfte. Und nur wenige Zentimeter unterhalb jener Hüfte – ungefähr da geht mir Nürnberg in seiner Eigenschaft als fränkisches Neujorg voll vorbei.

Müll im Park

Bereits über eine Woche lang beherrscht es sämtliche Diskussionsrunden, Podiumsgespräche, Wirtshausdiskurse über wie unter den Tischen, Referentenkaffeekränzchen, Bürgermeisterämter, Parteizentralen wie auch Servicebetriebe Öffentliches Raunen (SÖR) – das alljährlich sehr gut erörterbare Thema »Die Dreegsai vom Dutzendteich«, von Szene-Kennern auch RiP genannt, was in diesem Fall nicht *requiescat in pace*, sondern *Rock im Park* heißt.

Rock im Park also, ursprünglich eine Veranstaltung der mittelfränkischen Hals-, Nasen- und Ohrenärzte-Innung, hinterlässt nicht nur Gehörgangverpfropfungen allerersten Grades, Staublungen, Grauen Star, tote Amseln, nervöse Zuckungen, Harnröhren- und Enddarmstau und infolgedessen im Schritt und Tritt erhöhte Detonationsgefahr, sondern vor allem auch ca. 300 Tonnen Müll. Dass die Diskussion über jene 300 Tonnen Müll in den ansonsten stets lieblichen Auen zwischen Münchner und Regensburger Straße, zwischen Luitpoldhain und Langwasser bereits in dieser Woche langsam abebbt, ist zwar unwahrscheinlich, wäre aber wünschenswert, denn obige Besprechungen auf allen nur denkbaren Ebenen entbehren bei genauerer Betrachtung des Gesprächsstoffes jeglicher Sinnhaftigkeit: Indem nämlich sämtliche, prinzipiell durchaus mündelsichere Wortführer und -innen seit langem der felsenfesten Überzeugung sind, bei *Rock im Park* handle es sich um eine musikalische Veranstaltung, unterliegen sie einem folgenschweren Irrtum, hierzulande auch Error genannt.

Mag sein, dass im Schatten unserer demnächst wieder wunderschönen Hitler-Tribüne in diesen stillen Juni-

Tagen dann und wann eine Musik erklingt, doch sie dient keinesfalls einem wie auch immer gearteten Ohrengenuss, sondern vielmehr, ähnlich dem Trommeln seinerzeit auf Galeeren, dem Ansporn für jene ca. 75.000 Müllentsorger, drei Tage lang niemals nachzulassen beim größten europäischen Abfallweit- und Wegwurfwettbewerb. Mit Erfolg, muss man anerkennend feststellen – *Rock im Park* bzw. *Rock am Schuttplatz* dürfte heuer mit den erwähnten 300 Tonnen Grembl, Dreeg, Pfandflaschen und Mist wieder eine neue Pestmarke erreicht haben.

Ein Jahr lang sammelt der Zeppelinfeld-Besucher daheim unter größten Mühen alles zusammen, was man in Nürnberg so dringend braucht: Party-Zelte, plastifizierte Peddigrohrstühle, gusseiserne Grille und andere Hochöfen, vollbrunste Bierflaschen, Schlaf- und Wassersäcke, aufblasbare Sofas, Gummistiefel, second-mouth-Sardinaweggla, also schon einmal gegessen, Socken, Hosen, abg'fallne Ohrläppla, Küchenbüffets, Eimer als Aufnahmegeräte, teils halb leer, teils gut gefüllt (siehe Sardinaweggla), Gießkannen, Stützstrümpfe, Bratpfannen, Kochtöpfe, Wok im Park, handgeklöppelte Sturmmützen, vollkommen luftleere Luftmatratzen etc., um es dann an den Gestaden des Dutzendteichs sorgfältigst niederzulegen, wo man es binnen weniger Tage zammsammeln und irgendwas damit machen kann.

Der dieser Müllsammelaktion zuwiderlaufende und insofern außerordentlich merkwürdige Vorschlag einer Verlautbarerin des bettelarmen Veranstalters, man möge doch bitte in Zukunft alles, was man mitbringt, wieder mit heimnehmen, ist natürlich, buchstäblich, hinfällig. Wer das Fallgesetz eines Galileo Galilei, das Newton'sche Gravitationsgesetz, exorbitante Kaufräusche, Egozentrismus und andere Naturvorschriften kennt, der weiß: Nix, was am Boden liegt, erhebt sich von selber und schwebt hinauf zum Himmel oder gar heim. Es sei denn, man hebt es eigenhändig auf und packt es unter größten Anstrengungen in den Kofferraum von seinem Auto. Aber solches Tun wäre erstens enorm anstrengend und zeitaufwendig und bildete zweitens keinesfalls den tieferen Sinn von Europas größter Schuttsammel-Zentrale. Vielmehr liegt der Sinn von *Rock im Park* genau da, wo sich auch der Sinn unseres Lebens befindet: im Einkaufen, Wegschmeißen, Befreitsein. Die Freiheit ist es also, die wir am Dutzendteich suchen, und wenn wir sie gefunden haben, müssen wir uns wieder von ihr befreien, indem wir erneut einen schönen zukünftigen Schutt kaufen. Auch dies ein Natur-, beziehungsweise Kulturgesetz. Und die sehr knappe Äußerung eines älteren Deppen neulich am Dutzendteich angesichts der zahlreichen, meist aufblasbaren Wegwerf-Freiheitsstatuen, die da gelautet hat »Des sin doch Wildsai, verkommene!«, war dann noch der Gipfel des Errors, der sogar den Tatbestand der groben Beleidigung erfüllt hat. Der Beleidigung aller natürlichen Wildsäue.

Lass fließen!

Selbst physikalische Volldeppen wie zum Beispiel ich wissen oder ahnen es wenigstens, im Rahmen partiell verschütteter Schulerinnerungen, dass ein elektrischer Strom unter anderem durch Reibung entsteht. Und so reiben sich momentan wieder verstärkt gemein- oder auch eigenwohlorientierte Bedenkenträger und -innen sowohl an einem Bayreuther Stromkabelsalatzüchter namens TenneT TSO GmbH als auch massiv und enorm abkürzelhaft aneinander und erörtern die Frage, ob man im Fürther Landkreis, im Nürnberger Süden, in Wendelstein, Feucht oder gar in einem gewissen Ludersheim eine Hochspannungsleitung, wie der Name schon sagt, verhältnismäßig hoch spannen darf, gemäß O-Nep (Offshore Netzentwicklungsplan) oder § 12b EnWg oder BNetzA NEP 2014 oder wie oder was oder wohin. Natürlich darf man es nicht. Zwar sind einige namhafte Starkstromelektriker und Kabelwächter, hierorts auch Strom-Bolli genannt, der Ansicht, man müsse den durch sehr viel Nordseewind erzeugten Strom zu uns nach Franken oder überhaupts Bayern herableiten, da wir hier derzeit noch keine Nordsee haben und in ca. 1.500 Jahren die letzten Kernkraftwerke unter Umständen einer teilweisen ASCH (Abschaltung) anheimfallen, aber es hat keinen Sinn. Warum auch immer.

Ob jetzt der durch die Reibung zwischen jener Firma TenneT TSO GmbH und den Vertretern ihrer Interessen reichlich entstehende Redestrom ausreicht, die eventuell eines Tages oder auch des Nachts auftretende StroVelü (Stromversorgungslücke) zu füllen, sei dahin gestellt bzw. fließt dahin. Aber infolge jener erst neulich wieder veranstalteten Redestromerzeugung ist jetzt erstmalig und höchstwahrscheinlich endgültig geregelt, wo HoSpaMa (Hochspannungsmasten) und HoSpaLei (Hochspannungsleitungen) positioniert werden dürfen. Kernpunkt dieser Regelung: Hochspannungsmasten und -leitungen dürfen ab sofort überall errichtet werden. Einzige Ausnahme: nicht bei uns. Also nicht bei uns in Raitersaich, nicht bei uns in Katzwang, nicht bei uns in Schwabach, nicht bei uns in Wendelstein oder Feucht und auf jeden Fall nicht bei uns in Ludersheim.

Wer jetzt immer noch nicht genau weiß, wo dieses »bei uns« genau liegt, dem kann geografisch auf die Sprünge geholfen werden: Es befindet sich ca. 400 Meter entfernt vor unserer Haustür, also vor jeder Haustür in Ober-, Unter- und Mittelfranken, in der Oberpfalz, in Niederbayern, Oberbayern und Schwaben. An allen anderen Stellen in Bayern kann man ohne weiteres Hochspannungsleitungen verlegen, über- oder unterirdisch, je nach der dort vorkommenden Tiefe oder Höhe.

In dem erwähnten StroTraPoPapi (Stromtrassenpositionspapier) ist auch festgelegt, dass der jeweilige StroTraPoWiSchEr (Stromtrassenpositionswiderstandsschadenserdulder) im Fall der Errichtung einer mindestens 50 Kilometer entfernten Stromleitungsumgehungstrasse die Nutzung einiger ohnehin leicht verzichtbarer Leistungen aus der Verkabelung sofort und freudig kündigt, wie etwa Mikrowelle, Herd, Heizung, Radio, Fernseher, Computer, Telefon, Kühlschrank, Geschirrspüler, Straßen-, S-, U- oder Eisenbahn, Bohrer, Schrauber, Flieger, Rasenmäher, Rasierapparat, Straßenbeleuchtung, Telefon, Arbeitsplatz, E-Auto, Licht und so weiter.

Allein schon bei dem Wörtchen »Verzicht« pflegen ja die Augen vieler Stromtrassengegner vor lauter Freude zu leuchten, leuchtender als jedes von Hochspannungsleitungen betriebene Nachttischlämplein. Als Entgegenkommen erhalten sie von der Firma TenneT TSO GmbH dann aber auch noch zu allem ÜFl (Überfluss) ein kleines Stromverzichtsgebinde bestehend aus zwei handbetriebenen ALeu (Armleuchtern), einem Schwarm GLüWü (Glühwürmchen), einem TABliBlei (Taschenblitzableiter), einem AFaDy (Antiker Fahrraddynamo), jährlich einem Bezugsschein für zehn Kilowatt weitgehend elektrosmogfreien Kriechstrom sowie zwei kleinen Kieselsteinen, die man nachts unterm Zudeck beliebig oft gegeneinander schlagen kann – schon erhellen einige Fünkchen unsere steinzeitliche Schlafhöhle. Strom in seiner ursprünglichen und fraglos schönsten Form.

Und wer in Raitersaich, Katzwang, Schwabach, Wolkersdorf, Wendelstein, Ludersheim oder sonstwo in Bayern nur ein bisschen Geduld hat, dem sei hoffnungsvollst angekündigt: Wenn wir so weiterblödeln wie in den letzten hundert Jahren, dann wogt und weht die Nordsee mit ihren Wassern und Winden bald auch bei uns und wir brauchen keinen einzigen Hochspannungsmast. Allerhöchstens vielleicht einen HoSpaMa in Feucht zum Festmachen unserer handgeruderten Rettungsboote, älteren Insassen der Erde auch als Arche Noah mehr oder weniger bekannt.

Aufwärmen auf dem Aufseßplatz

Neulich bin ich von einem mit Recht erzürnten Ureinwohner papierschifflamäßig zusammengefaltet worden. Es überwiege, so der Vorwurf, in diesen meinen wöchentlichen Montags-Melancholien meist das Bfobferhaft-Negative, der beim Hinschreiben unabdingbar notwendige hohe Bewunderungsgrad für unsere allerschönste Heimatstadt bewege sich ungefähr zwischen den Ziffern null bis minus eins und speziell auf dem Gebiet niedrigster Architektur, also der Fläche, scheine ich an einer derzeit noch unheilbaren, irgendwie manisch-depressiven Platzangst zu laborieren. Plätze aller Art, vom wunderschönen Trostpflaster des Sebalder Platzes über den neuerdings sogar teilbestuhlten Hauptmarkt bis hin zur Wüste Schütt, erzeugten in mir offenbar ein vollkommen unangebrachtes, jeglichen Schönschreibens mangelndes Grauen. Sowas hört man als alternder Bleistiftspitzer natürlich eher ungern und gelobt sich und seinen zwei womöglich stets schlecht gelaunten Schreibfingern Besserung. Ich bin also zunächst in mich gegangen und anschließend auf den Aufseßplatz, welcher städtischerseits als »zentraler Mittelpunkt der Südstadt« gelistet wird. Was immer das bedeuten mag. Aber worschd – es geht ja um den Aufseßplatz an sich. Und ich darf, nunmehr reuevoll und geläutert, einräumen: Ich war von der allgemeinen Schönheit dieser äußerst mittigen Südstadt-Zentrale auf das Allertiefste beeindruckt, buchstäblich porentief.

Ich muss hinzufügen, dass während meiner Beschwitzung des Aufseßplatzes vor wenigen Tagen infolge der Klimaveränderung, die es gemäß den Forschungen des bekannten Meteorologen Prof. Dr. w. c. Donald dem Volldoofen Trump Gott sei Dank nicht gibt, eine Temperatur von knapp 40 Grad (über Null) geherrscht hat. So ist während meiner ersten Schritte auf dem heißgeliebten Aufseßplatz, kurz: A-Platz, das Wasser aus den erwähnten Poren spritzpistolenartig herausgeschossen. Schwitzen kühlt nicht nur den Körper, sondern auch das Gedächtnis, und so habe ich mich nach den einwandfrei überstandenen Hitzschlag-Attacken und angenehm wohlig wärmenden Fußsohlenverbrennungen zweiten Grades ohne weiteres an den ehemaligen A-Platz erinnern können, der Ende des vergangenen 20. Jahrhunderts hitzeenergetisch bekanntlich sehr zu wünschen übrig gelassen hat.

Auf ihm haben sich damals fröstelnde Menschen gedrängt, sind G'müsstände, glasweise Ausschänke, Worschdweggla-Discounter bunt gewürfelt im Weg gestanden, haben uralte, hohe und zu allem Überfluss auch noch schattenspendende Bäume in großer Zahl den gerade in der Südstadt besonders südlichen Himmel verfinstert. Umeinanderhaadschende Leute, G'müsstände, Bäume, Schatten, ein bunt gewürfeltes Leben etc. braucht aber kein Mensch, und so ist der A-Platz in der zentralen Mitte der Südstadt ungefähr vor fünfzehn Jahren von einem Landschaftsarchitekturbüro her- und vor allem hingerichtet worden. Seitdem erstrahlt der inzwischen als schönster B-Platz der Südstadt sowie bester Hot-Spot, Kindergrill, sozialstes Mikrowellenbad (freier Eintritt!) geltende A-Platz bis in die Abendstunden.

Fakire benützen ihn des Sommers als mindestens ebenbürtigen Ersatz für glühende Kohlen, auf den dort sehr zahlreich, formvollendet quadratisch verlegten Schnellkochplatten kann man bis zum Mondaufgang Spiegeleier braten, und wenn man den Platz nur einmal umrundet, kocht schon das Wasser in der Arschritze, g'schwind das

Tee-Ei einklemmen – fertig ist ein aromatisches Tässchen Darjeeling. Und wer jetzt Nürnbergs einzige mehr oder weniger begehbare Herdplatte dahingehend diffamieren möchte, es breite sich auf ihr kein Schatten aus, der möge endlich begreifen, dass es betreffs Beschattung 1. vollkommen ausreicht, wenn ein Landschaftsarchitekturbüro während seiner Verschönerungsplanungen seinerseits von einem gehörigen Dachschatten heimgesucht wird, dass sich 2. des Nachts weiträumig ein Schatten auf den A-Platz herniedersenkt und dass dort 3. selbst tagsüber durchaus die platonische *Idee* eines Schattens existiert. Denn es sind dort wieder einige Bäume, teils stationär, teils mobil gepflanzt worden. Da sie damals beim Verschönern sehr jung waren und es auch heute noch sind, muss man nur ein bisschen Geduld haben, bis sie in der Lage sind, einen Schatten zu werfen. Wer zum Beispiel dieser Tage in Rente geht, wird sich bereits im gesegneten Alter von ca. 140 oder 150 Jahren auf ein Bänklein im Schatten einer nunmehr ausgewachsenen Linde setzen können. Beim Hinsetzen aber beeilen – lang werden die dann ausgewachsenen Bäume erfahrungsgemäß nicht verweilen.

Und ob ich will oder nicht – bums! haut schon wieder das Bfobferhaft-Negative bei mir durch. Weil, warum jetzt auf der Esse des A- wie Aufwärmplatzes trotz seiner gestalterischen Vollkommenheit seit wenigen Tagen, wie aus der Kühle des Rathauses gemeldet, schon wieder weitere Verschönerungspläne (»Zusätzliche Schattenspender, mehr Bäume, Wasserelemente«) geschmiedet werden, das weiß der Himmel. Jener Himmel, aus dem bitte bald einige Wasserelemente auf uns und vor allem auf die heißgelaufenen Hirne der Platzgestalter herabträufeln möchten.

Geschwindigkeitsheimat drahtloser Fröhlichkeit

Irgendwann, und sei es erst beim Anbeginn der Endzeit, irgendwann also muss es auch dem volldeppenhaftesten Fortschrittsabweichler auffallen, dass sich die Menschheit zügig fortentwickelt zum Guten, Schönen, Glücklichen, Wahrhaftigen, hinauf in allerhöchste Höhen des womöglich im Hirn befindlichen Geistes (siehe Salvini, Trump, Orban, Höcke, Gauland und Konsorten). Da stehst dann da, mitten in der Stadt, merkst, dass sich die dich umgebende Menschheit stets mit anderen, kleinen, schwarzen, ganz flachen, irgendwie aber auch menschlichen Menschen erregt neitippend unterhält und hast dann endlich eine Offenbarung, in den dringlichen Wunsch mündend, dass du jetzt auch so einen ganz flachen, hineintippbaren Mitmenschen möchtest, ein extrem smartes Taschentelefon also. Lustwandelst folglich in den Telekom-Shop in der Karolinenstreet, nimmst dorten eine kleine Scheibe in Empfang und erhältst die Anweisung: Wenn die Scheibe 1. aufblinkt und 2. vibriert, kannst du mit einem Verkäufer in Verhandlungen eintreten.

Sehr freundlich und teilweise mit Worten, die du noch nie in deinem verhältnismäßig langen Leben gehört hast, drückt dir nach erfolgter Vibration jener Verkäufer dann den Schlüssel für die Zukunft in Gestalt des kleinen, ganz flachen, schwarzen Mitmenschen in die Hand, teilt dir aber noch mit, dass die Zukunft sich momentan schon wieder selber überholt hat, vor allem die Zukunft des Fernsehens. Also schreitest du aus dem Telekom-Shop nicht nur mit einem nagelneuen, nur knapp 1.000 Euro erheischenden Taschentelefon wieder hinaus in die Karolinenstreet, sondern auch mit einem vorläufigen Einjahresvertrag für das Telekom-Magenta-Fernsehen in der Tasche und einer weiteren kleinen, flachen, diskusartigen Scheibe. Zwei Tage später überreicht dir der Paketpostfahrer erneut was Flaches, vollkommen Styroporverhülltes, und zwar einen Riziefer oder so ähnlich.

Das Beste kommt aber auch hier zum Schluss: die Bedienungsanleitung für einen Speed Home WiFi! Was nicht in der Bedienungsanleitung steht, mir aber durchaus sinnvoll erschienen ist: nachforschen, um was es sich bei einem Speed Home WiFi letztlich handelt. Man findet es im Internet – WiFi steht für *wireless fidelity*, insgesamt bin ich jetzt also stolzer Besitzer einer Geschwindigkeitsheimat drahtloser Fröhlichkeit. Wahrscheinlich nur einer jener oben genannter, im digitalen Vorgestern hartnäckig verharrender Volltrottel möchte so was nicht sein Eigen nennen, eine Hochgeschwindigkeitsheimat drahtloser Fröhlichkeit.

Wieder zurück zur Bedienungsanleitung. Hier lese ich die inhaltsschweren Worte: *Power, Signal, Mesh, Repeater*, und dann, unter der weiteren sprachlichen Befremdlichkeit namens *Router*, die Anweisung »Drücken Sie die WPS-Taste auf der Rückseite Ihres Speed Home WiFi und an Ihrem Router …« Sofort bohren in mir die Fragen: Wos is edzer ein *Router*? Ein derzeit ziemlich *fidelity*-loses SPD-Mitglied, ein Presssack? Habe ich überhaupt einen *Router*? Und wenn ja, warum, und wo hält er sich momentan auf? Zum einen, und zum anderen: Wos is eine WPS-Taste? Man kann es ebenfalls durch Nachforschungen im Computer klären. WPS bedeutet *WiFi protected set up, taste* heißt Geschmack, also fahnden wir nunmehr nach einer drahtlosen aufsetzergeschützten Fröhlichkeitsgeschmackstaste. Natürlich nicht ganz easy, aber schon hilft uns die Bedienungsanleitung für unsere Geschwindigkeitsheimat drahtloser Fröhlichkeit *on the jumps*, auf die Sprünge: »Bei Problemen finden Sie Informationen auf Seite 40.« Auf Seite 40 steht es dann *onewallfree* (einwandfrei) dort, und zwar folgendermaßen: »Sie erreichen die Benutzeroberfläche durch Eingabe Ihrer IP-Adresse oder letzten sechs Stellen der MAC-Adresse gefolgt von speedhomewifi http://<MAC-Adresse auf der Rückseite Ihres Speed Home WiFi.« Oder aber: »… Sie können allerdings in der Benutzeroberfläche Ihres Speed Home WiFi wieder einen abweichenden WLAN-Namen (SSID) für das 2,4-GHz-Netzwerk festlegen, um wieder zwei Netzwerke nutzen zu können.« Der Zeitpunkt ist jetzt nicht mehr fern, wo sich in deinem drahtlosen *upper room* (Oberstübchen) Hochgeschwindigkeitsheimaten, aufsetzergeschützte Geschmackstasten, IP, MAC-Adressen, SSID und Zeich und Woor stark vibrierend vermischen und von der drahtlosen Fröhlichkeit langsam, aber powerhaft in eine ziemlich drahtige Traurig- oder Trostlosigkeit hinübergleiten. Nach einigen Tagen der versuchten Anbringung eines Magenta-Fernsehens der zweiten Zukunft mittels Speed Home WiFi und Riziefer schaue ich inzwischen des Abends wieder die dritte Vergangenheit in Form von ARD, ZDF und Bayerischer Rumbfunk, also ca. zehn uralte Kriminalfilme pro Nacht.

Ach so, ja – auf meinem neuen, sehr smarten Taschentelefon erhalte ich seither täglich einige Anfragen, wann wir endlich unseren Reziefer anschließen. Nach Lage der Dinge in diesem seltsamen Leben nicht mehr. Trotz der wahrhaft günstigen fünf Euro monatlich, also extremer *beforetrainprice* (Vorzugspreis).

Sankt Sebald R. I. P.

Am letzten Freitag hat sich das Schönste ereignet, was einem im noch nicht gänzlich ausgereiften Leben widerfahren kann: Feierabend, vorläufiges Ende mit den Eintrichterungen fragwürdiger Weisheiten in Verbindung mit Heim- und Kopfweh, große Ferien, Schulschluss. Drei freudig erregte Ausrufezeichen. Niemals möchte ich, dass mir jene sechswöchigen Paradiese aus meinem brüchigen Gedächtnis fallen. Die Schule war mir stets eine lutherisch handgeprägte Hölle. Und dieser meiner sorgfältigst gepflegten Aversion habe ich unter sehr vielem anderen zu verdanken, dass ich nicht so ganz genau weiß, was zum Beispiel ein Plusquamperfekt Konjunktiv in Verbindung mit einem Optativ darstellen soll. Ich erwähne diese komplizierte Sache deswegen, weil ich aus gottgegebenem Anlass neulich, und zwar am Sonntag vor acht Tagen, folgende Frage im verhältnismäßig flachen Raum einer Zeitungsseite stellen musste – in Gestalt obigen Plusquamperfekts Konjunktiv mit Optativ: Hätten Sie oder wer auch immer seinerzeit der Sebaldus Wunderlein gewesen sein wollen?

Gut, Wunderlein hat dieser Sebaldus nicht mit Nachnamen geheißen, vielleicht Bemmerlein oder Haberzettl oder Wurmdobler. Man weiß es nicht. Überhaupt weiß man in der Angelegenheit Sebaldus sehr wenig bis nix. Mehr oder weniger präzise historische Nachforschungen beinhalten samt und sonders Beifügungen wie die Worte »vielleicht«, »unter Umständen«, »eventuell«, »möglicherweise«, »allenfalls«, »scheinbar«, »anscheinend«, »dem Vernehmen nach«, »mutmaßlich«, »ungesichert«, »könnte sein«, »könnte auch nicht sein« und so weiter.

Wunderlein hab ich den Sebald dieser Tage getauft, weil er vielleicht, gegebenenfalls, unter Umständen, scheinbar, eventuell und so weiter viele Wunder vollbracht hat, eines wundersamer als das andere, von seinen funzelartig heimleuchtenden Fingern über brennende Eiszapfen bis hin zur Versteinerung eines Backsteinkäses. Unter anderem ist er ein dänischer Königssohn gewesen, vielleicht, vielleicht aber auch ein versprengter Schwarzmeer-Kosak, eventuell ein geheimer Erzbischofssproß, unter Umständen ein Schnieglinger Waldschrat, möglicherweise ein Schlurcher aus Poppenreuth. Eventuell hat es ihn, den voll vielleichtigen Sebaldus, auch überhaupt nicht gegeben. Gemäß kirchlicher – zunächst katholischer, anschließend evangelischer – Überzeugung ist er inzwischen heilig, hat neben seinen Wundern noch die Sebalduskirche erfunden und damit anschließend Hunderttausende, wenn nicht Millionen von Nürnberg-Pilgern angelockt, in unserem Städtlein wegen des ihrem Säckel innewohnenden Gerschdleins überaus herzlich (bis heute) willkommen.

Das im 11. Jahrhundert sich über Nürnberg ausgießende Tourismus-Wunder, vergleichbar mit den nachfolgenden Wundern von Lourdes, Fatima, Heroldsbach oder Konnersreuth, muss natürlich von Zeit zu Zeit einer möglichst aufsehenerregenden Renaissance zugeführt werden. Die vorletzte Wiedergeburt hat der ansonsten dem eher klerikalen Skeptizismus zugeneigte und leider schon im Himmel befindliche Pfarrer Eberhard Bibelriether im Jahr des Herrn 1993 vorgenommen, die vorläufig letzte am Sonntag dessen Amtsbruder Martin Brons in üppigem Ornat, und zwar in Form eines sehr schönen Brimboriums inklusive kanonischer Begrapschung einiger gut verpackter, von wem auch immer stammender Knochen. Die Knochen sollten eigentlich in dem vom Bildhauer Peter Vischer sauber gegossenen Sebaldusgrab ruhen, wo aber von Ruhe überhaupt keine Rede sein kann. Alle paar Jahrzehnte werden sie, warum auch immer, dem bronzenen Schrein entnommen, von einigen Gnöchla-Sachverständigen auf das Allerschärfste beäugt, ehrfürchtig befingert und feierlich wieder ins allerbeste Nürnberger Reliquien-Schränkla eingelegt.

Und um jetzt wieder auf die großen Ferien und die sechswöchige Befreiung vom Joch der Schule zurückzukommen: Vielleicht, womöglich, eventuell, unter Umständen, möglicherweise beenden unsere Nürnberger Kirchenväter und -mütter irgendwann einmal ihre anscheinend ganz großen Ferien eines Tages und lernen sodann erstens, was die kirchlicherseits immer wieder gern genommene Abkürzung von R .i. P. heißt, nämlich *requiescat in pace,* und zweitens, wie man es vom Lateinischen ins Deutsche übersetzt, nämlich in die Worte: Er, sie, es möge in Frieden ruhen. Und die in das Plusquamperfekt Konjunktiv mit Optativ eingehüllte Frage »Hätte ich damals der Sebaldus Wunderlein aus Bobbnraid oder wo gewesen sein wollen?« beantworte ich zum Schluss auch noch, ob es jetzt die Nürnberger Klerikalität interessiert oder nicht: Naa, wergli nedd! Ich hätte seinerzeit in mein Testament geschrieben: Lassd mer mein Rouh! Aber nur für den wahrscheinlich unwahrscheinlichen Fall, dass es mich vielleicht gegeben hätte sein wollen dürfen sollen. Oder wie oder was.

Nürnberg in Kürze?

Schlurcher, Flaneure, Begeher der Lorenzer Altstadt, Obacht edzer! Der scheint's amtliche Nürnberger Abkürzungsbevollmächtigte hat dieser Tage wieder sein Wesen getrieben und Folgendes unumstößlein schriftlich verfügt, ob Sie es glauben oder aber für einen auf schwerer Trunkenheit fußenden Albtraum halten: Ab sofort heißt die Luitpoldstraße fürderhin nicht mehr Luitpoldstraße, sondern (schließen Sie die Augen, falls Sie es nicht lesen wollen) LUI! Die Lui. Nach früheren straßen- und ortsnamentlichen Geschmeidigkeiten wie Goho (einst Gostenhof) oder Hummi (Hummelsteiner Park) ist dem Nürnberger Abküblvoll (Abkürzungsbevollmächtigten) erneut ein großer Wurf gelungen, der jedoch, das sei hier bei allem Abk.wahn schon auch gepriesen, unserem Städtlein wieder sehr viel Zeit und Geld spart. Zeit und Geld, zwei wichtige Güter, die wir von Stund an anderweitig aus den hier heimischen Butzenscheibenfenstern schmeißen können. Denn was vielleicht nicht alle Bewohner oder gelegentliche Durchschreiter jener Lui wissen, hat diese von der Kö in die VoS führende Straße zu Zeiten, in denen eine liebkosende Umbenennung noch von der Einlieferung in den Bau 21 bedroht war, eigentlich Prinzregent-Luitpold-von-Bayern-Straße geheißen, später Luitpoldstraße und jetzt also endlich Lui. Womit das hier zart angedeutete Umbenennungsende aber höchstwahrscheinlich noch nicht ganz erreicht sein wird.

Schon munkelt man, im Vorder- oder Hinternstübchen des Abkürzungsbevollmächtigten existierten Pläne, denen gemäß die Lui im kommenden Jahr bereits zu Lu schrumpft, anschließend zu L und nach zwei Jahren weiteren enormen Nachdenkens hin zur vollkommenen Buchstabenlosigkeit.

Versierte Zeitmesser werden wissen, welche Vorteile es in sich birgt, ein Wort, einen Straßennamen mit null Buchstaben zu bilden. Zum vollmundigen Artikulieren des vielfach zusammengesetzten Hauptwortes Prinzregent-Luitpold-von-Bayern-Straße vergehen sage und schreie handgestoppte 5,1 Sekunden, Luitpoldstraße nötigt uns immerhin noch 3,4 Sekunden Zeitverlust ab, Lui dann nur noch 0,6 Sekunden und nix dauert nach Adam Riese ca. null Sekunden lang. Wenn wir also die Luitpoldstraße aussprechen wollen und dabei kein Laut, kein Vokal, kein Konsonant unserem Volksmund entweicht, stehen uns und unserer Stummheit sofort 5,1 Sekunden zu anderweitiger, völlig freier Verfügung.

Ähnlich sparsam verhält es sich mit der ebenfalls gern genommenen Abkürzung von Goho für das nur noch 125-jährigen Methusalemen oder bereits am Johafri weilenden Mumien geläufige Stadtviertel Gostenhof. Oft wird dieses dreisilbige Zeitverschwendungssubstantiv Go-sten-hof auch noch verballhornt zu einem brabblhaft genuschelten »Gosdnhuuf«, man verhaschbld sich dabei, die Zunge verwerddld sich, man setzt noch einmal und noch einmal an und fährt dann der Einfachheit halber gleich weiter nach Färdd. Mit verwerddlder Zunge nach Färdd – ein Unglück kommt selten allein.

Mit Goho, Lui oder Hummi wär das nicht passiert. So hege ich die inbrünstige Hoffnung, der Nürnberger Abkürzungsbevollmächtigte möge auch weiterhin intensiv und emsig seines Amtes walten, sodass wir dereinst einem Touri, sollte er uns am Haupti oder KöToTu fragen, wie er am schnellsten in die Schweppi kommt, in nur wenigen Sekunden auf die Sprünge helfen können:

»Edzer dou zur Kö, vorbei an der Lui, nou siggsd scho die Lorki, noo zur Musbrü, Plobho, Hauma, Schöbru, Brawurhäu, Sebkir, niiber iiber die Kaibu. Und nou froogsd am besdn nu amol, Doldi!« Zu Hirnrissen oder Nebenverwirrungen und der tieferen Bedeutung der neuen Abkürzungen fragen Sie Ihren Nervenarzt oder Entblödungsberater.

O Nürnberg, Heimat der Kuckucksuhr

Neulich habe ich mich ins irische Dublin begeben, teils schwimmend, teils mit dem Bobby-Car fahrend, also keinesfalls fliegend, nicht dass mich Bayerns Grünen-Vorsitzender Dr. Markus Söder demnächst g'scheit zammscheißt. Aber das ist jetzt gar nicht mein Anliegen, sondern vielmehr Souvenirschobbing. Da hast du allein in diesem Dublin allerhöchstens 300 Schobs, in denen du halbwegs diese begehrten groben Unfüge für deine Lieben at home schobben kannst. Vom original irischen Gurkenhobel über original irische Manschettenknöpfe bis hin vielleicht zu original irischen Hustenbombom mit Guinnessgeschmack. Geschätzt insgesamt ungefähr fünf Milliarden irische Souvenire, zwei Milliarden allein von der bekannten Hustensaftfirma Guinness. Also derartig irisch alles und vollkommen uninternational, dass du als alteingesessener Nürnberger und baldiger Kulturmetropolist grad nauslachen musst. Nürnberg und seine unergründlich vielen, mindestens drei bis vier Andenkenläden – da kannst Dublin und überhaupts ganz Irland löschen. Da ist Nürnberg dagegen eine wahre Dollar- bzw. Pfundgrube. Nur einmal angenommen, unsere touristischen Geschwader aus Fern-Ost oder Fern-West haben sich während ihres kulturellen Reiseprogramms »Nuremberg in ten minutes« infolge Schnellverzehrs von Six with Crowd beim Behringer zwei Minuten zur völlig freien Verfügung abgezwackt, so entwischen sie dem Herrschaftsbereich des stets und damoklesschwerthaft über ihnen schwebenden Geleitregenschirms und husch!, schon sind's drin im Andenkenlädlein am Plobenhof und brechen dort in schrille Entzückensschreie aus – denn was erblicken sie in dem Geschäftlein mit der Ladeninschrift »Memories of Nürnberg«? Genau! Jede Menge memories of Nürnberg, und zwar in Gestalt von Hunderten von Schwarzwälder Kuckucksuhren. Jetzt wird sich manch einer oder eine grübelnd fragen: Kuckucksuhren? Ner fraali, oorschgloor, Gugguggsuhrn! Wos denn sunsd! Weil – die meisten Nürnberger werden es höchstwahrscheinlich gar nicht wissen, drum sei es ihnen endlich einmal schwarz auf weiß hingeschrieben: Die Heimat der Schwarzwälder Kuckucksuhren ist Nürnberg! Nur hier waren seinerzeit ganze Scharen von Kuckucken heimisch, die dann von namhaften Gerichtsvollziehern auf hiesige Firmenareale wie Grundig, Foto Porst, Camerawerk Braun, Triumph Adler, Schöller, Quelle, AEG etc. verteilt und aufgeklebt worden sind. Wenigstens unsere Souvenirhändler wissen über den Ursprung der Nürnberger Kuckucke Bescheid und erzählen es geheimnisvoll raunend ihrer Kundschaft weiter. Und so gehen die Geschäfte mit den Schwarz- bzw. Reichswälder Kuckucksuhren sehr gut, am Plobenhof wie auch weiter droben in der Königstraße oder drunten am Hauptmarkt. Ähnlich gut gehen auch Transaktionen mit anderen Nürnberg-Andenken, etwa fränkischen Schweizer Taschenmessern, mit Pillendöslein oder Fächern, bemalt von den bekannten Nürnberger Künstlern Gustav Klimt oder dem einstigen malenden Gibitzenhofer Ohrenarzt Vincent van Gogh, mit sommerlichen Krippenfigürlein aus dem Erzgebirge, dessen Ausläufer (Moritzberg, Glatzenstein, Hansgörgl) bekanntlich bis in Nürnberger Gemarkungen hineinragen. Kristallene Bambi, Elefanten, Pinguine runden das originally Nürnberger Souvenirangebot ab. Kristall, Bambi, Elefant, Pinguin? Wer es schon wieder nicht weiß: Kristall wird in Nürnberg schon seit Tausenden von Jahren von den original Nürnberger Heinzelmännchen kilometertief im Inneren des Burgbergs geschlagen, der Film »Bambi« ist hier einmal im Nürnberger Apollo-Kino gelaufen, im Tiergarten gibt es ein Elefantenhaus, wenn auch ohne Elefanten, und wie sich hier noch die Jurameerwellen gekräuselt haben, sind in ihnen wohl auch Pinguine auf Karpfenjagd getaucht. Sagen jedenfalls die Nürnberger Heinzelmännchen.

Was haben wir hier noch, das die Touristen dereinst bei archäologischen Ausgrabungen auf ihren persönlichen Schutthalden daheim wehmütig ans schöne, grafflhaltige Nürnberg erinnert? Plastikhäuslein, Fähnchen mit der Aufschrift »FC Bayern München« oder »Hofbräuhaus«, handgeklöppelte Kommodendecklein, Küchenmesser, sinwellturmartige Seppldepplfilzhüte, Meißener Porzellan, tschechische Gartenzwerge, Christbaumkugeln, die zwei Meter lange aufblasbare Schwimmweißwurst, kleine grüne Frösche in allen Lebenslagen – am Traktor, am Liegestuhl, am Abort – und das Prunkstück des hiesigen Souvenirgewerbes: eine Tasche! Sie, die Tasche, prangt mit der großgedruckten Aufforderung »Come and explore!« im Schaufenster des Königstor-Aquariums, des amtlichen Nürnberger Informations- und Souvenirzentrums, kostet 24 Euro, ist, so heißt es, »angefertigt aus Veranstaltungsplanen der Tafelhalle« und trägt die weithin sichtbare Aufschrift »Tafelhalle – Musik/Tanz/Theater«. Beim Anblick dieses wohl erinnerungswürdigsten Souvenirs hat ein weltreisender Japaner neulich wie folgt aufgejubelt: »Reglamulai lafo fül Daflhalu uni 24 Eulo zalo?! Nito dofi, Nulibelgel Suvenilhendel!« In die hiesige Sprache transkribiert: »Reglame laafn in ganzn Dooch fiir die Daflhalln, und nu 24 Euro derfiir zoohln?! Goornedd amol suu bläid, die Närmbercher Suwenirdandler!«

Voll verpinnt

Oft kommen ja aus dem Nürnberger Rathaus eher unwirt-
liche Nachrichten auf uns nieder. Neulich aber erreichte
uns von dort die frohe Botschaft des Jahres! Und zwar will
der Ding, der Wiehassderngleiwidder, der Harry glaub
ich, der Stadtkassenwart, ganz früher war er einmal der
Wirt vom wahrlich nicht übel beleumundeten Wirtshaus
Taubertal in Gostenhof, also der Ding, der, der …, die
Gedächtnismühle älterer Menschen mahlt täglich langsa-
mer, aber eben doch, und infolgedessen fällt es mir jetzt
wie Sternschnuppen aus den Synapsen (auf die komm ich
gleich noch einmal zurück, falls ich es nicht vergess): Also
der Harry Riedel, ebenfalls wohl beleumundet, will jetzt,
hab ich gelesen, städtische Ämter wie zum Beispiel das
Einwohnermeldeamt voll onlinen, updaten, digitalisieren,
virtuell aufbrezeln, sodass man dort nur noch ganz wenig
mit Menschen zu tun hat. Da möchte ich mit einem hiesigen Wort ohne Weiteres aufjubeln: Subbä, Harry! Denn
mit Menschen heutzutage was zu tun haben, gar mit ihnen
reden wollen, speziell in städtischen Ämtern, bringt nix.
Viele können inzwischen infolge Bfrobfn im Ohr und
Eifon am Mund sowieso nicht mehr reden oder es sind
überhaupt keine Menschen da im Amt oder wenn doch,
dann laborieren sie am chronischen Röntgenblick und
schauen wie gebannt voll durch dich durch. Und deswegen
kommunizieren wir demnächst also mit einer städtischen
Äbb oder auch App. Hundesteuer, Gießwasserflutungen,
Baumscheibenverordnung, Kaugummispotzung und so
weiter wird alles voll veräbbt. So weit, so prima.

Was aber der Ding, der … vorhin hab ich ihn noch
parat g'habt, ner ja, der seinerzeitige Wirt vom *Taubertal*

in Gostenhof, was der also nicht bedacht hat: Vor der Ingebrauchnahme einer Äbb hat der Erfinder derselben die, den oder das PIN geschaltet, damit man seinen jeweiligen Äbbedeiser in Gang setzen kann. Und mit die PINne, da haben ältere Menschen, vor allem deren männliche Vertreter, nicht selten ein Problem. Nehmen wir, jetzt nur zum Beispiel, mich. Im Rahmen des gemäßigten Fortschritts hab ich jeweils ein bis zwei PINne für mein Mehrbereichstelefon, für die Telekom, für einen Gartenversandhändler, für einen Billigbuchhändler, für einen Fotobilderentwickler, für einige Geldleihanstalten, für zwei hermetisch abschließbare Reisekoffer, für ein weiteres, sehr verschlüsseltes Kreditinstitut, für ein Bankschließfach, für einen Herrn namens Broweider oder so ähnlich, für die Kontaktaufnahme mit einem Ei-Klaut und so weiter. Zu allem, was man sich nur denken oder auch nicht mehr denken kann, hab ich nur noch Zugang mittels einer möglichst kompliziert gebildeten PIN.

PIN heißt, glaub ich, Persönliche Identifikationsnummer. Ich sammel sie, die persönlichen Identifikationsnummern, mit großer Begeisterung, kann mir aber meine inzwischen auf ungefähr 30 Stück angewachsenen Identitäten nicht alle merken. Dadurch sind in den mir zur Verfügung stehenden Räumen die Wände, Schränke, Buffets etc. mit jenen berühmten gelben Haftzetteln tapeziert, auf denen fast alle PINne notiert sind. Auch schreibe ich sie manchmal mit ausgeklügelter Geheimschrift in Kalender, Bücher oder Notizblöcke hinein. Aber trotz dieser sorgfältigen doppelten, manchmal drei- bis vierfachen Buchhaltung melde ich mich bei obigen Unternehmen hin und wieder dreimal mit einer verkehrten PIN an, sodass mir unter mysteriösen Handhabungen eine neue PIN zugeteilt wird. Oder auch nicht.

Darüber hinaus gibt es scheint's neben der PIN noch eine PUK, was aber jetzt zu weit führen würde.

Neulich bin ich, von einer Auslandsreise Gott sei Dank zurückgekehrt, am weltweit berühmten Albright-Durer-Airport von einem Zollbeamten in der nicht minder berühmten fränkischen Devotionalität gebeten worden: »Amol aafmachn, den Kuffer dou!« Der Kuffer dou war, wie oben erwähnt, mit einer PIN gesichert, sodass ich die mit mir eng verwandte Dame hinter mir nach der Persönlichen Identifikationsnummer fragen habe müssen. Die Antwort hat aus mehreren Optionen bestanden: entweder mein Geburtsdatum oder ihr Geburtsdatum oder aber das Geburtsdatum von einem unserer Enkelkinder oder die Nummer unseres Kfz-Kennzeichens oder unsere Lottozahlen oder wos wass denn iich. Glücklicherweise ist mir eingefallen, dass ich die extrem geheime Geheimnummer außer auf einen der gelben Zettel am Küchenbuffet auch in mein Reisetagebuch eingetragen hab. Ich habe es dem Zollbeamten sogleich mitgeteilt, worauf der mich schon ein bisschen unwirsch gefragt hat, wo sich jenes Reisetagebuch befinde, und ich ihm wahrheitsgemäß melden konnte: »Des is in den Kuffer dou.« Ich stünde heute immer noch, nach nunmehr drei Wochen, mit dem Kuffer dou an der Zollkontrolle in Nuremberg-Ziegelstone, hätte der Kufferkontrolleur nicht nach einstündiger PIN-Sinnkrise Feierabend gehabt.

Was ich betreffs der Komplett-Äbbisierung in mehr oder weniger virtuellen städtischen Amtsstuben sagen, respektive hinschreiben hab wollen: Bei allen Gedächtnislücken im Alter – an die Zeiten im *Taubertal* in Gostenhof kann ich mich noch ganz genau erinnern. Es war dort immer sehr schön und meistens auch sehr lang, und vor allem vollkommen Äbb-frei. Oder, Harry?

Dregg am Stängala

Des einstigen Deutschen Reiches ebenfalls einstiges Schatzkästlein hat ja gemäß dem Urteil vieler Einwohner inzwischen keinesfalls mehr den Status eines Schatzkästleins, was immer das sein mag, sondern eher den eines immens großen Schrott-, Schutt- und Dreckhaufens. Vom Schatzkästlein bis hin zum heutigen sogenannten Dreeg im Schächdala war es sicherlich ein sehr mühseliger und beladener Weg, denn man muss vielleicht wissen, dass die Einstufung als bestes Dreckloch Bayerns weitestgehend auf dem Fachwissen jener Bewohner fußt, die unter großen Mühen nahezu täglich, nicht selten sogar nächtlich große Mengen Bierdosen, Kippen, auszullte Kaugummibflaadschn, Kaffeebecher, Pfandflaschen aller Art, Essensreste bis hin zum nahezu komplett erhaltenen Döner, Bratworschd-, Schnitzel- oder Sardinaweggla, in allen Ehren verrostete Fahrräder, gut gefüllte Plastiktüten, verschwitzte Unterwäschereste, Apfelbuudzn, Bananenschalen sowie entlaufene E-Scooter in die Fußgängerzonen schleppen, sich dadurch in vorbildlicher Weise daheim die Müllgebühren sparen und zusätzlich ihr ansehnliches Scherflein, wenn nicht sogar Scherf, zur Erhaltung der Artenvielfalt der innerstädtischen Fauna in Gestalt der hier beheimateten Radzn beitragen. Jene Scherflein oder Scherfe bestehen neben dem erwähnten Dreeg sogar noch, wenn es ganz günstig läuft, in diesem oder jenem stillen Hauseingang aus oft kunstvoll selbsgedrechselten exkrementalen Hinterlassenschaften, teils in liquider, teils in illiquider Machart.

Einen der besten ständig bestückten städtischen Wildfutterplätze bildet das Stangengässlein in der Lorenzer Altstadt. Dieses Stangengässlein nimmt seinen Weg vom

Hintereingang des Karstadt-Kaufhauses in der Adlerstraße über gut unbeleuchtete Stiegen hinunter in die Lorenzer U-Bahnhöhle und ist historisch nicht vollständig erforscht. Nürnbergs Stadtarchivar Michael Diefenbacher erwähnt es zwar kurz in seinem »Lexikon der Nürnberger Straßennamen«, hat aber nur eruiert, dass es 1877 erstmals urkundlich erwähnt und höchstwahrscheinlich nach der Stange benannt worden ist. Ob nach der Fahnenstange, Bohnenstange oder aber nach der Stange Wasser, die man dort gern einmal abstellt, ist wissenschaftlich nicht gesichert.

Ich kann zur Angelegenheit Stangengässlein höchstens noch beitragen, dass es seit vielen Jahrzehnten regelmäßig einmal pro Dezennium bei einigen Stadtverwesern, Abteilung Unrathaus, große Aufmerksamkeit erregt. Erst vor Kurzem, als wieder einmal zehn Jahre seit der letzten Aufmerksamkeit wie im Flug verstrichen waren, war es erneut Gegenstand erregter Erörterungen.

Im Zug dieser Erörterungen werden gelegentlich auch Maßnahmen ergriffen. Einmal hat man die Schluchten des Stangengässleins komplett weiß anmalen lassen, einmal sind die dort stalaktitenartig herabhängenden Glühbirnen tatsächlich für kurze Augenblicke vollständig zum Glühen gebracht worden, einmal hat man am letzten Absatz einen wunderschönen riesigen Spiegel anbringen lassen. Warum, weiß niemand; vielleicht, damit der jeweilige Urinator sich und seine Sprinkleranlage auf das Genaueste beobachten und dadurch die doppelte Freude genießen kann.

Auf die ca. vierzigjährige Stangengässleinproblematik bin ich dieser Tage eher zufällig gestoßen, weil ich trotz meines schon vor längerer Zeit erfolgten Schwures, bei dem medial übermittelten Wörtchen »Trump« sofort die

Zeitung weiterzublättern oder den Fernseher zum Fenster hinauszuschmeißen, aus Versehen einen womöglich frei erfundenen Artikel über den amerikanischen Drigröfaz (drittgrößter Feldherr aller Zeiten nach Napoleon I. und Adolf dem hoffentlich Letzten) gelesen hab. Er möchte, hat es da geheißen, aus strategischen Gründen und wegen der schönen Bodenschätze umgehend das zu Dänemark gehörende Grönland käuflich erwerben. Wenn er es wider Erwarten nicht kriegt, scheppert es im Kardong. Und schon hat es gescheppert. Seit dem abschlägigen Bescheid spricht der bekannte Multilinguist und Wortakrobat Donald der Reizbare kein Wort Dänisch mehr.

Jetzt war es natürlich äußerst unüberlegt von den Dänen, dass sie ihm ihr bisschen Grönland nicht verscherbelt haben, und durch diese furchtbare dänische Kurzschlusshandlung haben wir wiederum, ähnlich wie in Nürnberg, unsern Dreeg im Schächdala: Noch so eine Abfuhr, und der Donald platzt vor Wut, eventuell atombombenartig. Und da habe ich mir gedacht, bevor es noch einmal scheppert – verkaufen wir dem Immobilien-Mufti aus Waschingdon halt unser Stangengässlein, für 2 Euro Fuchzich ungefähr. Oben in der Adlerstraße und unten in der Kaiserstreet hängen wir je eine Fahne mit Stars and Straps an die Stange, an beiden Stangengässleingrenzen errichten wir je einen mexikanischen, möglichst starkstromdurchfließenden Stahlzaun, bewacht von einer Scharfschützenkompanie ausschließlich hellhäutiger Dschie Eis plus zwei Silvestermittelstreckenraketen und einem U-Boot in der Bengerz – dann ist der Trump bratwurstbesenftigt, die Nürnberger Dreeg-Inspekteure haben ihre Ruh und, Herrschaften, Obacht, gell: dann hat es sich aber endgültig and for ever ausbroonst im 51. US-Staat Stangengässline!

Gut Nacht, Schnarchzabfn-City!

Also des is jetzt wirklich einmal sehr uninteressant, evolutionsmäßig und philosophisch. Die Frage »Wer war zuerst da?«. In unserem Fall nicht die Henne oder das Ei, sondern: der Tiergärtnertorplatz oder zwei Niederbayern? Um die Antwort gleich vorwegzunehmen: höchstwahrscheinlich die zwei Niederbayern. Es handelt sich bei ihnen vermutlich um zwei Ganzkörperohren, die vor Kurzem eine Wohnung in sehr naher Nähe des erwähnten Platzes am Tiergärtnertor bezogen haben, nicht ahnend zunächst, dass hier bei Einbruch der Dämmerung freilaufende Dezibele ihr Unwesen treiben, oft bis zu fünfzig, sechzig Stück, sodass sie, die Niederbayern, zwar Abend für Abend einen Schlaf suchen, ihn aber nicht finden. Es muss sich nach neuesten wissenschaftlichen Forschungen folglich in etwa so verhalten, dass ein nicht unerheblicher Teil der Nürnberger wie auch -innen (auch: *homines norimbergenses*) ursprünglich, bis vor wenigen Tagen, verhältnismäßig herkömmliche Menschen gewesen sein müssen, durchaus vergleichbar mit ihren Kelheimer, Passauer oder Bad Griesbacher Artgenossen. Und nur in ganz wenigen Tagen, seit dem Zuzug jener zwei Niederbayern, lassen sich Nürnberger wie Nürnbergerinnen plötzlich mit großer Vorliebe und In- wie auch Ausbrunst am Kopfsteinpflaster des Tiergärtnertorplatzes nieder, trinken zwei bis fünf Biere und sind, Obacht edzer!, *zu laut!!!* Haben jedenfalls die zwei niederbayerischen Neu-Nürnberger festgestellt und es aus verständlichen Gründen bei der Polizei angezeigt. Noch bei der Wohnungsbesichtigung der beiden Zuzügler hat es sich beim Tiergärtnertorplatz, wie man annehmen muss, um eine Art Ansammlung von Trappistenklöstern gehandelt: strengste Schweigepflicht in allen dort ansässigen Wirtshäusern vom *Bieramt* über das *Schlenkerla, Gasthaus zur Hütt'n, Albrecht-Dürer-Haus, Atelier-Café, Schwarzer Bauer, Café Wanderer, Kaiserburg* und so weiter bis nauf zum *Burgwächter*. Seit Jahrhunderten eine Oase der Stille, der Ruhe, der vollkommenen Abgeschiedenheit. Wenn hier in Nürnberg irgendwer einmal das Gras wachsen hat hören wollen oder den Aufprall einer Stecknadel – stets hat er sich behufs dieser akustischen Forschungen zum Tiergärtnertorplatz begeben.

Und jetzt? Jetzt spricht dort der früher so angenehm mundraumversiegelte Nürnberger auf einmal in Höhe von ca. sechzig Dezibel, singt zuweilen sogar, zupft auf einer Gitarre rum oder bläst wie blöd in eine Mundharmonika hinein. Bis zu zwei- oder dreihundertfaches Raunen erschüttert den Platz unter der alten Kastanie, Aufstoßeufzer und Bierschieße detonieren und pflanzen sich überschallartig in die nahen Gässlein und Sträßlein und Stockwerklein fort, Bierflaschenverschlüsse bflobben, als handle sich hier um die *impact area* des Truppenübungsplatzes Grafenwöhr. Vom durchdringenden Gurren zahlreicher aufgescheuchter Tauben und dem granatenartigen Einschlag praller Kastanien am Kopfsteinpflaster ganz zu schweigen.

Schall und Rauch nehmen seit einigen Abenden derart überhand bzw. überohr, dass jetzt schon die städtische Verwaltung mit der Sache befasst ist, Abteilung Krawallamt. Aber bekanntlich ist guter Stadtrat teuer, was ist also zu tun, um den weiteren Zuzug wandelnder niederbayerischer Seismografen nicht zu gefährden? Der Bürgermeister weiß es nicht, die Polizei auch nicht, der, die oder das SÖR (Servicebetriebe Öffentliches Raunen) ebenfalls nicht – aber dafür ich. Ich würde nämlich auf die eingangs erläuterte Problemstellung verweisen: Wer war zuerst da? Die laut gackernde Henne oder das angenehm schweigsame Ei, die dröhnende Kirchenglocke oder der direkt neben die Kirche gezogene Neubürger, die blökende Schafherde oder der mitten in der Schafherde komplette Ruhe erheischende Häusleinerbauer, der auf lautlose Einsamkeit erpichte Niederbayer oder der stets dröhnende, bebende, wie am Spieß schreiende Tiergärtnertorplatz? Die Antwort ist klar wie Rauchbier: Henner, Kirchenglocken, Schafherden oder Tiergärtnertorplätze haben sich erst vor wenigen Tagen aus einer Mutation heraus plötzlich missgebildet und müssen weg! Im Fall vom Biergärtnertorplatz: alle Wirtshäuser zu, Trink- und Schreihälse ab in ihre Kellerverliese und schalldichten Gummizellen, alles einebnen, weiträumig mit Flüsterasphalt zudecken, und schon haben wir unsere niederbayerische Ruh. Gut Nacht, Schnarchzabfn-City!

Nussecken am Idioteneck

Infolge der Gnade einer sehr späten Geburt werden Sie höchstwahrscheinlich nicht wissen, was das ist: der hauptbahnhöfische Büchertaschen-Tiefwurf, in Zusammenwirken mit dem Idioteneck. Die Sache ist in diesen Tagen, wie für zahlreiche Kinderschaften wieder einmal der sogenannte Ernst des Lebens begonnen hat, in meinem abendnebelhaften Gedächtnis aufgetaucht, und so kann ich es Ihnen hiermit erläutern, ganz worschd, ob Sie es wissen wollen oder nicht. Das Idioteneck also.

Es hat sich seinerzeit ungefähr dort befunden, wo seit mittlerweile vielen Jahrzehnten ein unterirdisches Höhlensystem zum Hauptbahnhof führt oder auch nicht, unweit des Königstorturms – der Umschlagplatz für Straßenbahntransportgüter aller Art, also auch für Schüler (den Genderisierungszusatz »Schülerinnen« hat es damals noch nicht gegeben). Bei jenen Schülern hat es sich zu 99 Prozent um schulische Gnalldeppen gehandelt, mit Fünfern und Sechsern allschuljährlich reich gesegnet. Deswegen Idioteneck. Einser-Schüler haben diesen Ort des Grauens gemieden wie der Gymnasial-Depp das Vokabel-Lernen, vielmehr sind die Streberlinge stets eilenden Fußes in die Dreier, Sechser, Dreizehner, Elfer oder Aanerzwanzger umgestiegen und haben in jeder Hinsicht zielstrebig und zur großen Freude ihrer Mütter das Mittagessen daheim überpünktlichst erreicht.

Das Mittagessen von uns Deppen jedoch hat zunächst aus einem Becher Buttermilch (10 deutsche Pfennig), einer Laugenbreze (10 deutsche Pfennig) sowie aus einer Südfrucht beim Bananen-Kühn (10 deutsche Pfennig) oder drei Nussecken in der nahen Bäckerei Prechtel (aus

Gründen einer schönen Freundschaft zum Kommilito-
nen und Bäckerei-Inhaber-Enkel 0 deutsche Pfennig)
bestanden, am Ende gekrönt von drei Kugeln Vanille,
Nuss und Erdbeer (15 deutsche Pfennig) im *Eis-Café
Regina*. Anschließend Versammlung an der Stadtgraben-
mauer zur Besprechung mit den Themenschwerpunkten:
Wie fange ich die postalische Zusendung eines Schulver-
weises rechtzeitig vor den Eltern ab, wie fälsche ich eine
Unterschrift oder wie bringt man ohne größeren Husten-
anfall einen korrekten Lungenzug mit einer beim Cigar-
ren-Ertl erworbenen Gemeinschaftszigarette zamm.

Und dann der erwähnte Büchertaschen-Tiefwurf. Zu
seiner Durchführung ist einer von uns Idioteneck-Köni-
gen an der Mauer entlanggepirscht, hat die dort abgeleg-
ten Büchertaschen vorsichtig spähend geortet und diese
sodann mit einem blitzschnell ausgeführten Schubserer
tief hinunter in den Stadtgraben befördert. Für den
jeweiligen Büchertascheninhaber hat dieses Bungee-
Jumping ganz ohne Bungee bedeutet: eine Viertelstunde
zu Fuß vor bis zur Färberstraße, nunter in den Graben,
wieder eine Viertelstunde bis zur meist nicht ganz unver-
sehrten Büchertasche, eine weitere Viertelstunde zurück,
nach kurzer Abfotzung des Büchertaschen-Tiefwurf-
Attentäters Einsteigen in die Dreier, Ankunft daheim
statt pünktlich um halb zwei erst gegen Spätnachmittag,
anschließend wieder zwei Wochen Hausarrest.

Diese wundervollen wie auch manchmal schmerzhaf-
ten Tage, Wochen und Jahre am Idioteneck sind mir also
wieder erschienen, wie ich in einer erziehungsberechtigten Veröffentlichung lesen hab dürfen, dass sehr viele
Schüler und -innen einige Sekunden nach 13 Uhr von
der Schule, gern mit einem Fünf-Tonner-SUV, abgeholt
werden, zügig durchgetretenen Gaspedals heimbeför-

dert und bereits um 13 Uhr 15 vor ihrem glutenfreien, weitestgehend veganen Mittagessen sitzen. Und sollte sich jetzt tatsächlich jemand oder jemandin fragen, was schöner ist, ein gut abgeschirmter Sperrsitz im SUV mit einer sofortigen Heimkunft in Höchstgeschwindigkeit im Gefolge oder aber Nussecken vom Bäcker Prechtel in der Vorderen Sterngasse, so würde ich wahrscheinlich antworten: Alles hat seine Zeit. SUV haben ihre Zeit (hoffentlich nicht mehr lang), Nussecken haben ihre Zeit. Buttermilch, Brezn und Erdbeereis haben ihre Zeit, Folgsamkeit und Überpünktlichkeit haben ihre Zeit. Leistungsdruck hat seine Zeit, Freiheit hat ihre Zeit schon lang hinter sich. Und jetzt wird es höchste Zeit, dass ich aufhör mit meinem Heimweh nach Nussecken, Idiotenecken und Büchertaschen-Tiefwürfen. Hoch lebe der ergonomische College-Bag zu 250 Euro (500 deutsche Mark) und der in ihm befindliche Leistungsdruck!

Zurückgemörtelte Vergangenheit

Kennt wer noch den Gröschreihaz? Jetzt nicht persönlich, sondern halt vom Weghören? Also den Größten Schreihals aller Zeiten und die momentan wieder lebhafter werdende Diskussion um die seinerzeit eigens für ihn sorgsam hingebflaadschde Brüll- oder auch Zeppelin-Tribüne genannte Hochplattform am Dutzendteich. Bekanntlich bröckelt und bröselt jener für allermindestens tausend, wenn nicht sogar unendlich viele Jahre erbaute Braunbau, und es wird unter uns Angehörigen der Bevölkerung mehr oder weniger erregt besprochen, ob man dem vor knapp 75 Jahren angehoben habenden Bröckeln und Bröseln irgendwie Einhalt gebieten oder aber den Bau langsam, aber sicher zammkrachen lassen soll. Letzteres für ca. null Euro, Ersteres mit Hilfe von ungefähr 85, demnächst vermutlich 100 Millionen Euro.

Warum man es hierorts immer noch diskutiert, weiß man insofern nicht, als es der Dr. Markus Söder, der Dr. Uli Maly und die Frau Prof. Dr. Julia Lehner schon längst besprochen, abgesegnet und auf welche Wege auch immer gebracht haben. Baubeginn zum Erhalt der Prachttribüne ist eines Tages, ab 5.45 Uhr wird dann zurückgemörtelt, um es einmal in der meist sehr deutlichen, heute durchaus wieder salonfähigen Sprache vom Gröschreihaz auszudrücken. Ob die drei erwähnten Tribünen-Flickschuster die 100 Millionen ganz allein löhnen oder wir alle miteinander es mitmäzenisieren dürfen, ist noch nicht vollends geklärt, da ja auch die immer wieder gern genommene Möglichkeit besteht, dass wir vor Geld nur so strotzenden Steuerzahler es ganz allein blechen. Das tun wir natürlich gern, denn die einzige aus Granitfurnier bestehende Freiland-Gummizelle der Welt soll ja nach dem 100 oder dann vielleicht sogar 150 Millionen Euro kostenden Aufmörteln *was* sein? Genau! Ein Lernort! Und das würde wahrlich einen schlechten Eindruck machen, zeigten wir der Welt diesen unseren nagelneuen Lernort in einem Zustand, von dem man nicht genau weiß, ob es sich um einen stillgelegten Steinbruch, einen vor Kurzem noch einmal ausgebrochenen Vulkan oder um einen Meteoriteneinschlag handelt. Gut, auch da könnte man was lernen.

Aber jetzt nur gesetzt den Fall, eine Delegation hochindellender Gleichschrittlinge möchte eines späten Abends gschwind noch mit einem Fackellauf den Tag beschließen, möglichst unter verständnisvollstem Polizeischutz; oder aber es krabbelt einer nauf auf die Zipfelintribüne, um dort oben als Hitler-Hampelmann seinen unter ihm harrenden Kameraden hoch erhobenen Arms zu weisen, wo es zur Allmacht geht – und dann bröckelt und bröselt es auf einmal, und der nicht gänzlich schwindelfreie Neo-Adi fliegt dorthin, wo er eventuell hingehört, nämlich auf die Schnauze! Ja, Leute, dann hammer unsern Dreeg! Bald möchte niemand mehr an einem solchen ungemörtelten, baufälligen Lernort was lernen. Nicht das Fliegen auf die Schnauze, nicht das Fackellaufen, nicht das Absingen eines so lieblichen Liedes wie »Heute gehört uns Deutschlaaand und morgen die ganze Weltttt« – nix mehr!

Und was jetzt die Braunkohle betrifft, also das Geld – da war ich dieser Tage, ob man es glaubt oder nicht, mit einer Gruppe Mitglieder des 1. FC Nürnberg unter der Leitung von Siegfried Kett, früher Chef des Bildungszentrums, sowie Günther Koch, früher die Stimme Frankens im Radio, auf einer Führung zum Bahnhof Langwasser, früher Bahnhof Märzfeld. Das ist jener Bahnhof, vom dem aus im Jahr 1941 über 2000 fränkische Juden, früher Mitmenschen, mit Zügen der Reichsbahn erst nach Riga und von dort aus dann in die Gaskammern abtransportiert worden sind.

Dieser Bahnhof Märzfeld-Langwasser ist mit hieb-, stich- und sägfesten Gittern verrammelt und nur unter Missachtung eines strengen Verbots einsehbar. Er ist zugewachsen, windschief, im Gestrüpp schwer zu erkennen, insgesamt brüchig wie manchmal unser Gedächtnis, aber auch er, der Nürnberger Todeshauptbahnhof, könnte leicht ein Lernort sein. Aber ist mir schon klar: Der eine Lernort befindet sich im Erholungs- und Sportpark Dutzendteich, ist erhaben und erzeugt bei manchem Besucher einen kaum zu unterdrückenden Nachahmungstrieb; der andere Lernort dagegen: aus den Augen, aus dem Sinn, verbarrikadiert, von unserer so schnell nicht vergehenden Schande kündend. Und zu allem Übel dreht sich um ihn niemals ein schönes, wenn auch anachronistisches Volksfest in Gestalt des Norisring-Rennens, das ohne die aufgemörtelte Tribüne vom Gröschreihaz nicht mehr stattfinden könnte. Und wenn man in den Adolf seine Bruchbude schon 85 oder 100 oder 150 Millionen Euro investiert – was bleibt da für die Langwasser-Haltestelle in Richtung Auschwitz noch übrig? Jawoll, gut gerechnet! Ungefähr 0 Euro …

Ist die Pausalastraße zumutbar?

Umeinanderblödeln, wurschd ob schriftlich oder mündlich, ist eine schöne, weil manchmal resonanzträchtige Tätigkeit. Ich darf auf dieser Seite ja auch immer montäglich
ca. hundert Zeilen lang blödeln, also Brachial-Aufsätze
schreiben über's Bubbln, Bfobfern, Brozzln, gurgnartig
Bfußballn, Bfaschingsbrinzeln und so weiter. Aber, jetzt
ganz unter uns hingeschrieben, mit zunehmender Zeit
vergeht mir das Blödeln, bleibt gewissermaßen im Kopf
stecken, gelangt dadurch nicht ein Stockwerk tiefer in
die Schreibfinger und verschwindet, wohin auch immer.
Wenn auch in vager Hoffnung auf ein Wiedersehen. In
schwerwiegender Auseinandersetzung mit der mir innewohnenden Melancholie bekenne ich also, dass ich Ihnen
womöglich nicht zum letzten Mal die Frage zumute: Warum widmet unser Gemeinwesen namens Nürnberg in
Gestalt des Stadtrats einem Archo-Nazi die so ziemlich
höchste Ehrung, die jenes Gremium beschließen darf,
nämlich einen Straßennamen?

Zum besseren Verständnis sollte ich anmerken, dass
ich mich im Rahmen meiner erwähnten Schwermut
am vergangenen Freitag in die Nordstadt begeben habe,
zur Teilnahme an der Menschenkette vor der Synagoge
der jüdischen Gemeinde in der Arno-Hamburger-Straße.
Den Anlass muss ich sicherlich nicht mehr erwähnen,
auch nicht den Terror, der den jüdischen Nürnberger
Arno Hamburger (1923–2013) ein ganzes, in Teilen hoff-
nungsloses Leben lang begleitet hat. Falls es doch jemand
nicht weiß: Der bis zuletzt als SPD-Stadtrat amtierende
Arno Hamburger ist aus Todesangst seiner Eltern als
15-jähriges Kind nach Palästina geschickt worden; die

meisten seiner Nürnberger Verwandten sind in den Gaskammern der Nazis ermordet worden, nur seine Eltern haben, versteckt in einem Lagerschuppen am jüdischen Friedhof in Schniegling, überlebt. Ich kenne die Lebensgeschichte des Arno Hamburger, von den Prügeln und den Anreden als Sau- oder Drecksjud in der Schule über die Flucht nach Palästina, sein nie verwundenes Trauma des von Streicher befohlenen Abrisses der Synagoge am Hans-Sachs-Platz bis hin zur Rückkehr in seine zerbombte Heimatstadt ziemlich gut, weil er es mir, bei halbwegs koscheren Frühstücksgesprächen, immer wieder erzählt hat.

Während der Solidaritätsstunde am Freitag ist mir aber nicht nur das Leben des Arno Hamburger wieder in den Sinn gekommen, sondern auch die Sensibilität der Nürnberger Stadträte. Man stößt auf sie in der Arno-Hamburger-Straße ganz leicht, wenn auch schweren Gemüts: Gleich nach der Synagoge überquerst du die Kilianstraße, gehst ein paar Meter in Richtung Bayreuther Straße, biegst sodann links ab, und schon stehst du vor einem Straßennamenschild mit der Aufschrift »Pausalastraße«. Wer oder was ist jetzt ein Pausala? Im Nürnberger Straßenlexikon, im Stadtlexikon, im Internet ganz leicht zu finden, im Nürnberger Stadtrat eher nicht. Pausala ist der Spitzname von einem, naja, Dichter namens Paul Rieß, der unter vielen anderen Unsäglichkeiten über »das liebe alte Nürnberg« aus Anlass eines Reichsparteitags gedichtet hat: » … ein wogend Flammenmeer zog in die Stadt herein / Von einer Menschenmenge dicht gesäumet ein / Und auf dem Bahnhofsplatze nahm mit seinem Stab / Der Führer die ihm dargebrachte Ehrung ab / So huldigten die Gaue ihm vom ganzen Reich / Den feierlichen Ausklang gab ein Zapfenstreich.«

Es gibt von jenem Pausala noch deutlich blödere Knüppelverseleien. Aber, habe ich mich am Freitag gefragt, wie steht es um die Blöd- respektive G'scheitheit eines Stadtrats, der im Jahr 1954 einen seinerzeit sehr gefeierten Steigbügelhalter einer Massenmörderbande mit einem Straßennamen ehrt und der, das tät ich schon noch gern anfügen, im Jahr 1993 bei Anmahnung des Schilderbürgerstreichs eine Umbenennung mehrheitlich ablehnt, mit der Begründung, es sei den Anwohnern der Pausalastraße nicht zuzumuten, sie müssten ja dann ihre Visitenkarten und Ausweise ändern.

In unmittelbarer Nachbarschaft der Arno-Hamburger-Straße also die Pausalastraße, Letztere ein schön emailliertes Denkmal für einen ohne Not sehr kniefälligen Verfasser extrem schmieriger brauner Schleimspuren. Das Pausala-Machwerk »Festtage im lieben alten Nürnberg« kann in einer Glasvitrine im Nürnberger Dokumentationszentrum Reichsparteitagsgelände besichtigt werden. Für Stadträte ist der Eintritt frei. Und um noch einmal auf die Solidaritätskundgebung am Freitag rund um die Nürnberger Synagoge zurückzukommen: Im Hinblick auf AfD, den Flügel, Höcke, Gauland, Halle a. d. Saale und so weiter hat mir eine sehr gescheite, leider nicht dem Nürnberger Stadtrat angehörige pensionierte Schulpsychologin die Worte mit auf den Heimweg gegeben: »Hat er halt doch recht, der alte Brecht, wenn er sagt ›Der Schoß ist fruchtbar noch, aus dem das kroch‹ ...«

Das reinrassige Christkind

Blöde Fragen sind nicht immer ausschließlich brunsdumm, sondern können manchmal auch ein heimtückisches Instrument bilden. Um also beim Thema und bei der Wortwahl zu bleiben: Darf man jemanden, der sich entweder dauernd oder aber nur gelegentlich einer einwandfreien Brunsdummheit rühmen darf, darf man diesen Vollheuchtel als brunsdummen Vertreter der Gattung *homo sapiens* bezeichnen? Natürlich darf man es nicht, vor allem dann nicht, wenn jener Vollheuchtel wichtige, unter Umständen sogar politische Ämter mehr oder weniger ausübt. Denn wo kämen wir da hin, würden wir jeden dahergelaufenen Gimbl, jedwedes Driefala, jeden Hirnheiner als brunsdummen Gnalldepp bezeichnen? Womöglich wegen Majestätsbeleidigung in Tateinheit mit grober Wahrheitszuneigung in die Mannertstraße, Abteilung Gesiebte Luft. So weit also der kleine Exkurs in die Welt der höheren Rhetorik.

Und jetzt was ganz anderes, aber ebenfalls im Interrogativ-Modus: Ist es ein großes Unglück, wenn ein Funktionär einer, sagen wir sehr vorsichtig, brachialpolitischen, pseudodemokratischen Partei über das vor drei Tagen turnusmäßig gewählte Nürnberger Christkind sich mit den Worten äußert: »Dass man dem Christkind die fremde Herkunft an der Nasenspitze ansehen kann, ist ein Schlag ins Gesicht aller Freunde von Tradition und gewachsener Kultur.«?

Schon wieder eine Frage, die eindeutig mit »Nein« beantwortet werden muss; es ist kein großes Unglück. Denn zum einen scheint sich jener Repräsentant der erwähnten Partei, von Kennern auch AfD genannt, mit

Nasenspitzen von Nürnberger Christkindern sehr gut auszukennen. Zum anderen wird er höchstwahrscheinlich wissen, dass nicht nur die Nasenspitze, sondern auch das restliche Nürnberger Christkind, wie überhaupt das Christkind im Allgemeinen, als ein Symbol des ursprünglichen Christkinds namens Jesus Christus, geboren im Jahr 0, erfunden worden ist. Und dann weiß er natürlich weiterhin, dass dieser Jesus Christus damals eine Nasenspitze gehabt hat, die rassenkundlich erwiesen auf seine Herkunft und Heimat hinweist, nämlich auf die Sebalder Altstadt, Obere Schmiedgasse 7, glaub ich.

Jetzt sind wir aber noch mit einem weiteren Problem konfrontiert, denn das nasenspitzenmäßig unbedenkliche Ur-Christkind ist ausweislich seines im Sebaldusgrab für immer und ewig deponierten Personalausweises ein Kind männlicher Prägung gewesen. Und so ist es natürlich tatsächlich sehr fragwürdig, wenn ein schon etwas älteres Kind zum Nürnberger Christkind gewählt wird, bei dem nicht nur massive Nasenspitzenmängel evident geworden sind, sondern das zu allem Überfluss auch ganz offensichtlich weiblichen Geschlechts ist. Und so haben wir, wie der Nasenspitzenexperte und Rassenforscher ganz richtig anmahnt, ein demnächst amtierendes Nürnberger Christkind, welches zwar in Nürnberg das Licht dieser immer seltsamer werdenden Welt erblickt hat, aber halt nicht in der Sebalder Altstadt, Obere Schmiedgasse Nummer 7, das außerdem nicht Jesus Christus heißt, sondern Benigna Munsi, das kein Mann ist, sondern eine Frau – und dann auch noch die Sache mit der Nasenspitze. Und das ist leider immer noch nicht alles – Frau Benigna Munsi soll indische (!) Wurzeln haben!

Wer bei einem Menschen schon einmal indische Wurzeln gesehen hat, wo auch immer diese rumbambeln mögen, der weiß, was sie zu bedeuten haben. Ähnlich wie die Nasenspitzen: nix. Man muss es dennoch ernst nehmen, da die Anmahnung betreffs der indischen Wurzeln aus berufenem Mund kommt; die AfD kennt sich nämlich mit Wurzeln aller Herren Länder sehr gut aus. Ihre sorgsam gehüteten Wurzeln stammen ausweislich immer wieder einmal vollführter Darstellungen von Hitlergrüßen, enger Goebbels-Redenanlehnungen, Hakenkreuzfahrten, Julius-Streicher-Gedächtnisglatzen, Vogelschiss-Vergleichen, Konzentrationslagerleugnungen, Asylbewerberheim-Anzündungen, Menschenjagden etc. aus den uralten germanischen Zeiten zwischen 1933 und 1945. Ist also, um zum Schluss obige Frage noch einmal zu wiederholen, der dringende Hinweis bei Nürnberger Christkindern auf Heimat, Tradition, Nasenspitzen, höhere Hass- und Rassenkunde und so weiter ein Unglück? Nie und nimmer, denn er will uns sagen: Wer blöd ist wie die Nacht finster, dem darf man eine Hohlraumfinsternis plus brunsdummer Blödheit durchaus einmal zuschreiben.

Is vielleicht jemand in letzter Zeit durch den Wald spaziert? Hat dabei vielleicht einige Schritte vollführt, einen nach dem andern? Und zu allem Überfluss nicht nur aus-, sondern anschließend sogar noch eingeatmet? Am End tief, regelmäßig und genussvoll, nach frischer, einigermaßen gesunder Luft heischend? Wenn ja, dann soll dieser waldspazierende Jemand fei bloß Obacht geben, dass er nicht in einem unserer zahlreichen Museen und Altertumsbewahrungsanstalten landet als Mahnmal für vorsätzliche Vorvorgestrigkeit, für hoffnungslose, hochgradigste Vergilbung und Komplettmethusalemisierung.

Direkt strafrechtlich verfolgt werden Waldspaziergänge meines Wissens zwar vorläufig noch nicht, aber man setzt sich bei ihrer Ausübung gröbsten Blamagen bis hin zu schlimmen Verbalinjurien aus. Denn wie ich neulich gelesen hab, sind Waldspaziergänge derartig out, dass es outer gar nicht mehr geht und man als geistig voll bemooster Unterholzkaschber zu den outesten Outsidern überhaupt gehört. Diese frei, losgelöst und vermutlich kostenlos durch unseren Sebalder und Lorenzer Restreichswald schlurchenden sogenannten Spaziergänger wissen nämlich scheint's nicht, dass die seit heuer einzige Möglichkeit der Fortbewegung im Hoch- und Tiefwald – sei es zur Pfifferjagd, sei es zum Aus- oder zum Hineintreten –, dass also diese Tätigkeit nur noch unter der Bezeichnung *Shinrin Yoku* absolviert werden kann. Fremdsprachendeppen werden es nicht wissen: Shinrin Yoku ist japanisch und heißt auf sehr gut Deutsch *Forest Bathing*. In weniger gutem Deutsch kann man auch Waldbaden dazu sagen.

Bis vor Kurzem hat man ja im Forest noch nicht bathen können, da es dort oft zu trocken gewesen ist. Die dem bathen zugehörigen Baucherer, Hechter oder Arschbomben vom Fünf-Meter-Brett vorm Kopf haben bei allzu frühzeitig dem Forest Bathing zugeneigten Sportlern dadurch meist entweder in der Unfallambulanz oder in der Psychiatrie geendet. Wesentlich geschmeidiger haben manche Bader das außerwaldige Bathing aber auch beherrscht, etwa Dagobert Duck oder Kleopatra; der eine hat bekanntlich das Baden im Geld, *Money Bathing*, bevorzugt, die andere *Donkeymilk Bathing*, das Baden in Eselsmilch. Einer meiner Freunde hat in jungen Jahren immer in einer Wanne voll Kunreuther Schlehengeist baden wollen, und in meiner alten Heimat Mögeldorf hat es zudem ganz früher den Bader Emmerling gegeben, der zum Zweck eines zügigen Blutkreislaufs Schröpfköpfe und Blutegel gesetzt und zusätzlich auch Haare geschnitten hat (damals pro Haarschnitt 40 Deutsche Pfennig!), was auch sehr schön war und gesund, uns aber dem Thema des Forest Bathing, Shinrin Yoku oder Waldbadens nicht näherbringt.

Zum Forest Bathing oder Waldbaden benötigen wir keinen Bader Emmerling, bei uns auch Booder genannt, sondern vielmehr einen Stress-Coach. Dieser ist in den Fragen des »multimodalen Stressmanagements«, wie es heißt, eines »digitalen Detox«-Dingsbums oder des »betrieblichen Eingliederungsmanagements« sehr bewandert. Er führt uns zum Beispiel in die forests von *Longwater*, hinauf zum *Eatinghillwood* (Schmausenbuckwald) oder hinein in den *Littlestickwood* (Schdeggalaswald), lehrt uns dort das Gehen, Schnaufen, Schauen, Ausruhen sowie – Sie ahnen es wahrscheinlich schon – das weithin berühmte »Baumelnlassen der Seele«.

Baumeln kommt von dem Substantiv Baum, und schon simmer wieder beim Wald und dem dort stattfindenden Waldbaden. Unter der Baumelanleitung jenes multimodalen Stressmanagers kostet es pro Waldbad 29,50 Euro, als Fünf-Wochen-Kurs bis zu 110 Euro. Wobei es in diesem Fall *outdoor*, also im Wald, stattfindet. *Indoor* ist es preisgünstiger und kann daheim am Sofa mittels Anhörung einer Entspannungs-CD zu 10,90 Euro durchgeführt werden. Anlässlich des momentan sehr schönen Herbstes hab ich dieser Tage am *bald headstone* (bald head ist highenglish und heißt Glatze), also am Glatzenstein gleich hinter *Ninechurches on sand* (Neunkirchen am Sand) multimodal stressgemanagt und digital detoxed forest gebatht bzw. shinrin geyokutet oder waldgebadet, hab vorschriftsgemäß sehr zügig geschnauft, dem Tirilieren der nahen Autobahn gelauscht und dadurch, wie es in der Waldbadeordnung heißt, meine Stressbewältigungskompetenz enorm stärken können. Und fast hätte ich danach zu der Imagination geneigt, ich wäre zwei Stunden lang im Wald spazieren gegangen – hätte ich nicht gewusst, dass es sich um Forest Bathing gehandelt hat. Einziger Unterschied: Meine Variante des Shinrin Yoku kostet nicht 110, nicht 29,50 und auch nicht 10,90 Euro Waldbadegebühr, sondern *zero* Euro, nix. Es sei denn, man vergisst beim Spazierengehen durch den Wald zwei Stunden lang das erwähnte Schnaufen. Dann kostet es das Leben.

Bratwursthäusle statt Schnöselhütte

Das weiß wahrscheinlich jeder noch im vergangenen Jahrhundert geborene Hirnheiner, dass man mit Anbruch der persönlichen Antike, dem Alterdumm, immer weniger versteht. Nicht nur wegen chronischer Ohrenverpfropfung, sondern vor allem infolge zunehmenden Dahinschmelzens unseres ohnehin sehr flüchtigen Hirnschmalzes. Zum Beispiel will es mir nicht um alles in den Kopf, warum seit einigen Tagen in der Nürnberger Altstadt, aber durchaus auch drum herum, ein gottserbärmliches Wehklagen herrscht, ein Bfliedschn, Heulen und Szeneklappern, dass man meint, es ist nachts kälter als draußen oder wie oder was oder wohin. Und das nur, weil ein sogenanntes Bratwursthäusle samt dem ihm innewohnenden Herrn W. Behringer zum Jahresende die Segel streicht, beziehungsweise die sowieso viel zu wenigen Sitzplätze.

Während meiner zur Eruierung der erwähnten Tränenüberflutung gestern vorgenommenen Inaugenscheinnahme jenes immer sonntags geschlossenen Bratwursthäusle, einer architektonischen Mixtur aus Sennhütte, Schwarzwaldhaus und Buchenholzheizkraftwerk, hab ich mich in einige eigene Erinnerungen vertieft und mir sodann gedacht (im bereits kurz erwähnten Hohlkopf): Es ist doch jetzt wirklich fünf vor zwölf mit Kartoffelsalat (wahlweise Meerrettich oder Sauerkraut) und mithin highest time, wie es nürnbergerisch-kulturmetropolisch heißt, also höchste Zeit, dass dieser Schandfleck endlich seinen Weingeist aufgibt. Ausdrücklich lobe ich in diesem Zusammenhang die beiden Nix-wie-weg-Gefährten, die hohen Konzernherrn von der Tucher- wie auch der

Inselkammer'schen Augustiner-Gsief-Brauerei für ihr weitsichtiges Vorhaben, dem Behringer den Hahn zuzudrehen. Aus was hat denn die Funktion dieses Herrn Behringer in Wirklichkeit bestanden? Ich schreib es Ihnen jetzt hin, damit Sie es wissen!

Weit über ein halbes Jahrhundert lang war er als Menschenschlichter tätig, fragwürdige Wunder aus dem Effeff beherrschend, Wunder, welche an die neutestamentarische Speisung der Fünftausend unangenehmst erinnern. Aus zwei freien Sitzplätzen hat er zum Beispiel mit wenigen Mund- und Handgriffen zwanzig Sitzplätze gezaubert, um in ebenso wenigen Minuten fünftausend Bratwürste zu veräußern. Japaner und Japanerinnen können ein Lied davon singen, indem sie nicht selten zu fünfzigst ihre Bratwürstchen unterm Tisch oder am Garderobehaken in einem Wintermantel hängend verzehren haben müssen.

Wer noch hat seine Tage, Jahre, Jahrzehnte auf oder unter diesen sogenannten Sitzplätzen verbracht? Durchwegs ziemlich zwielichtige Gestalten! Oberbürgermeister, Staatspräsidenten, Könige, Minister, Scheffredaktöre, Oberstaatsanwälte, Polizei- und Bundeskriminalamt-Präsidenten, abgefeimteste Ränkeschmiede, Weltbeherrscher, Kabbalisten, Erzbischöfe, Referenten und zu allem Überfluss auch noch herkömmliche Menschen und Menschinnen. Ein Harald Lamprecht, ein Erich Schreiber, ein Engelhards Karl, ein Michael Dultz, ein Dr. Norbert Neudecker haben dort in jenem Tintenpfuhl, in der Hölle aus Holzscheitfeuer, Bodennebel und beißendem Bratwurstdunst hinter ihrem aus Eichenbrettern bestehenden Zweit-Schreibtisch fünf Seidlein und Sechs mit Kraut lang gebrütet, um anschließend ihre gesammelten Unbotmäßigkeiten und Verunglimpfungen in die

Nürnberger Zeitung, Nürnberger Nachrichten oder gar ins *8-Uhr-Blatt* hineinzuschreiben. Auch ein Mossner, Förster, Steger, Hemmether, Beckstein, Schönlein, Scholz, Bemmerlein, Maly, Gruber, Görl und ca. 50.000 weitere Stammtischrechteinhaber sind in dieser euphemistisch »Häusle« genannten Räucherkammer hin- und hergelungert, haben, in früheren Jahren, sogar geraucht und dazu Bier, Wein und Branntwein sowie extrem fetthaltige Speisen nicht selten im Stehen oder Liegen zu sich genommen. Und das Schlimmste überhaupt: Auch ich in meiner Eigenschaft als Sebalder Kopfsteinpflasterschlurcher bin in unseliger Verblendung ein halbes Jahrhundert lang niemals unbehelligt, unbebiert, unbebacchust, unbebirnenschnapst, unbebratwurstet an diesem Subversivitäten-Kabinett übelster Machart vorbeigekommen.

Und so danke ich hiermit der Inselkammer'schen Augustiner- wie auch Nürnberg-Fürther Tucher-Brauerei von ganzer Leber, dass sie mich von meinem Reserve-Wohn-, Ess- und gelegentlich auch Schlafzimmer, meiner fußläufig gut erreichbaren (fußrückläufig manchmal weniger gut gangbaren) zweiten Heimat endlich befreit haben. In der berechtigten Hoffnung, dass demnächst auch der Schöne Brunnen, Sankt Sebald, Sankt Lorenz, die Stadtmauer, die selten doofen vier runden Türme und die Kaiserburg möglichst geräuschlos verschwinden, möchte ich, mit der wahrscheinlich original Tucher'schen Forderung voll im Einklang, schließen: Unser leider nur teilweise sehr schönes Großstädtlein muss unbedingt noch mcdonaldiger, burgerkinger, fast foodiger, spinnöser, schnöselhafter werden! Dann klappt's auch mit dem Kulturhauptstadtdingsbums.

In einer der deutschen Sprache durchaus ziemlich mächtigen Zeitung hab ich neulich im Rahmen einer sehr langen Reportage teils über das Altern, teils über eine vor sage und schreibe 96 Jahren auf die Welt gekommene, aus Bayern stammende Dame folgende Sätze betreffs Altwerden gelesen: » ... da ploppen Fragen auf, mindestens zwei – wieso lebt man in diesem Alter noch ... und wo kommt all die Lebensfreude her?« Zitat Ende. Das wäre jetzt die eine mich immens bewegende Angelegenheit (auf das Aufploppen von Fragen komm ich gleich zurück); die andere, ebenfalls interessante Sache besteht daraus, dass beforebeforeyesterday, also vorvorgestern, der hirn- und geldverbrannteste Feiertag des Jahres stattgefunden hat, der Black Friday, mithin in 23 days Chrismäs is, von da an gerechnet in weiteren seven days already ein mehr oder weniger Happy New Year unser harrt, und den neunten day im New Year muss man sich als geschichtsbewusster Nürnberger under all aroundstands (unter allen Umständen) extrem fett im Kalender anstreichen. Und zwar in Zusammenhang mit dem mutmaßlich ältesten Stadtviertel dieses unseres sowieso schon sehr alten Gesamtgemeinwesens. Zumindest ist Mögeldorf – um diese einstige Sommerfrische der Nürnberger handelt es sich – im Jahr 1025 nach Christi Geburt erstmals urkundlich erwähnt, folglich um ein Vierteljahrhundert früher als die spätere Metropolregionmetropole!

Und da ploppen jetzt natürlich ebenfalls Fragen auf, mindestens zwei – wieso lebt man in diesem Alter noch, und wo kommt all die Mögeldorfer Lebensfreude her? Diese zwei Fragen, womöglich einige weitere auch noch, werden uns am erwähnten 9. Januar im Foyer der *Volks- und Raiffeisenbank Nürnberg*, Tullnaupark 2, ab 19 Uhr ganz bestimmt beantwortet. Nämlich findet dort die Eröffnung einer Ausstellung statt zum Thema, Obacht edzer!, »Pop-Up Mein Mögeldorf«. »Seit September 2019«, heißt es in der Einladung weiter, »poppen an verschiedenen Orten in Mögeldorf Mini-Ausstellungen zum Mitmachen auf. Höhepunkt des Veranstaltungsprogramms ist die Ausstellung der VR-Bank. Zu sehen sind Objekte made in Mögeldorf, durch die die Gewerbevielfalt des Stadtteils lebendig wird …« und so weiter und so weiter.

Die erste Frage, die nun bei mir sogleich upgeploppt ist, wäre: Um was handelt es sich beim »Pop-Up Mein Mögeldorf«? Diese Frage nagt unter anderem deswegen in mir, da ich in Mögeldorf nicht nur das Zwielicht unserer seltsamen Welt erblickt habe, sondern dort auch aufgewachsen (UpgePopt, upgeplopt?) und fast 30 Jahre lang mannigfachem Unwesen nachgegangen bin. Vom Aufblasen freihupfender Hiidschn mittels eines Strohhalms, übers Astloch-Looking in die Frauenkabine des Flussbades an der Bengerz bis hin zur Versenkung einiger mutmaßlich protestantischer Kaulquappen im Weihwasserbecken der katholischen Kirche Sankt Karl Borromäus. Um nur drei Beispiele zu nennen.

Zurück zur Frage, um was es sich bei »Pop-Up« oder auch »Plop-Up Mein Mögeldorf« handeln könnte. Hilfreich sind da, wie immer bei Sprachfragen, lexikalische Werke. Ihnen hab ich entnommen, dass das englischmögeldorfische Verbum »to pop« alles Mögliche bedeuten kann und eine Vielfältigkeit in sich birgt, die uns vor Erstaunen förmlich aufploppen lässt. So heißt etwa »to pop a pimple« in unserer in Notfällen gerade noch gültigen Sprache »einen Pickel ausdrücken«, während »to pop« ohne jegliches Anhängsel verschiedene Bedeutungen haben kann wie etwa »schießen«, »knallen lassen«, »einschmeißen« oder »explodieren«. Dass in jenem im Jahr 1025 urkundlich erstmals erwähnten Mögeldorf jemand oder jemandin schon einmal einen knallen hat lassen, darf als historisch zuverlässig gelten. Und auch explodiert ist es ganz sicher, zumal in den Sechzigerjahren des vergangenen Jahrhunderts, wo verhältnismäßig schöne, durchaus ein bisschen verschnörkelte Gebäude, Gasthöfe, Bauernhäuser, kleine Läden aller Art, weite Prärien von altindianischer Prägung, Bäche, Bäume, Flussauenlandschaften vollständig pulverisiert und durch fantasiefrei hingebflaadschde, würfelförmige, mieteinnahmenträchtige Notbehausungsmaschinen und nicht ganz feinstaubfreie Durchgangsautobahnen ersetzt worden sind. Grad so, als hätte man einen vermeintlichen Vorstadt-Pickel gschwind und rachgierig und forever ausdrücken wollen. Und schon wieder popt oder plopt in mir die Frage up: Wo kommt bei uns verstaubten, voll antiken Uraltmögeldorfern anlässlich der ständigen Up-Poperei all die Lebensfreude her? Pop-Up Mein verblichenes Mögeldorf, I white it also not, ich weiß es auch nicht.

Texte, schriftliches Geschwafel, Schmierfinkereien jeglicher Machart, die mit dem voll blödsinnigen, rückwärtsgewandten Adverb *früher* beginnen, sind vor ihrer Drucklegung unverzüglich dem Papierkorb anzuvertrauen, denn jene Nostalgie-Schnulzereien münden nahezu immer in tränenerstickte Schluchzer und schmalzreiche Sehnsüchte respektive in die nicht nur bei emsigen Futurologen und Sterndeutern bestgehassten Worte »*Früher* war alles besser«. Dabei – das weiß jeder herkömmliche Schnösel – ist das Gegenteil der Fall. Nehmen wir nur das momentan Gott sei Dank wieder erhaben um sich greifende Christkindleinswesen. Wie war es um dieses enorm schöne Brauchtum *früher* bestellt?

Früher, oder um es zu präzisieren: ganz *früher* hat es im Grunde genommen weltweit nur zwei Christkindlein gegeben: 1. den Herrn Jesus von Nazareth, 2. Frau Sofie Keeser von der Lorenzer Altstadt, und Schluss war's mit den weihnachtlichen Wesen! Wie es mit dem Jesus von Nazareth begonnen und allerhöchstens drei Jahrzehnte später geendet hat, ist mehr oder weniger, genauer gesagt weniger, historisch gesichert und insofern allgemein bekannt. Betreffs der zweiten Christkindleinserscheinung in Gestalt von Frau Sofie – Kosevorname Bobby – Keeser ist überliefert, dass sie, die Erscheinung, erstmals in der von Herrn A. Hitler und seinen -zig Millionen Helfern komplett zerstörten Nürnberger Altstadt im Jahr 1948 auf der brüchigen Empore der Frauenkirche stattgefunden hat.

In dem Zusammenhang trifft es sich ganz gut, dass die aus unseren Gedächtnissen so gut wie gelöschte Bobby

Keeser vom Jahr 1924 an bis 1999 gelebt und während dieser Zeit 55 Jahre lang als wahre Volksschauspielerin gewirkt hat. Zum Beispiel als Pony Hütchen in Erich Kästners Bühnenstück *Emil und die Detektive*, als Mutter Courage im gleichnamigen Brecht-Drama oder – vielleicht doch nicht ganz unvergessen – in Fitzgerald Kusz Konfirmandenkomödientragödie *Schweig, Bub!*. Es ranken sich also um das einstige Nürnberger Griskindla Sofie Keeser gleich vier Jubiläen (oder Jubiläumme, wie man in Nürnberg zu sagen pflegt): zehnjähriger Todestag der Bobby Keeser, 95. Wiederkehr ihres Geburtstages, die bereits erwähnten 55 Jahre Bühnentätigkeit am Schauspielhaus und nicht zu vergessen, erst vor wenigen Tagen, 75 Jahre Fitzgerald Kusz, wo ich vergessen hab, von Herzen zu gratulieren, und es hiermit nachhole.

Aber wieder zurück zu dem schlimmen Wörtchen *früher*. *Früher* hat es in dieser Stadt nicht nur sehr geschätzte und extrem erfolgreiche Theateraufführungen von *Schweig, Bub!* gegeben (so erfolgreich, dass man sie inzwischen der Verstaubung und Vergilbung anheimfallen hat lassen), sondern auch – jetzt kommt's endlich – nur ein einziges Christkind. Wer es, jenes Nürnberger Christkind, *früher* besichtigen hat wollen, ganz gleich ob herkünftig aus Cadolzburg, Fürth, Schwabach, Erlangen oder gar aus Chikago, war gezwungen, sich zum hiesigen Hauptmarkt zu begeben. Als Fürther nach Nürnberg zum Christkindlaschauen! Eine schlimmere Schmach lässt sich in unseren ethnozentrierten Köpfen kaum denken. Aber inzwischen hat es sich in heutiger Zeit vom *Früheren* endlich zum Heutigen, Up to Datigen, Besseren gewendet. »Past Forward!«, wie der zeitgemäße Franke zu sagen pflegt.

Original handverlesene Christkindla, ich hab es einwandfrei herausgeforscht, gibt es in Oberasbach, Gustenfelden, Rückersdorf, Langenzenn, Roth, Georgensgmünd, Wendelstein, Rednitzhembach, Erlangen, Schwabach a. d. Schwabach, Heroldsberg, Weißenburg, in Fürth, in Feucht und selbst im oberpfälzischen Freystadt, in Chikago, Atlanta oder in Roth. Christkindlich geprägte, außermärkische Ort- und Liegenschaften wie Wuppertal, Wanne-Eickel oder Wesel werden wahrscheins ebenfalls ein turnusmäßiges Christkindlein, ein Weihnachtsengelein oder eine Glühweinkönigin ihr eigen nennen und es feierlichst vier Wochen lang zelebrieren, dass es nur so rauschgoldengelt.

In der Weltweihnachtshauptstadt Nürnberg ist inzwischen schon die christkindleinsmäßige Zukunft angebrochen: Kleine Stadtviertel, Straßenzüge, Wohnblöcke gehen dazu über, ihr jeweils eigenes Christkindlein auf Balkone, die zu original frauenkirchlichen Emporen verwandelt worden sind, hinaufzuziehen und wunderbare Prologe sprechen zu lassen. Die *frühere* Christkindleinsnot ist endlich besiegt, bald wird auf jede menschliche Weihnachtskaufrauschkugel ein eigenes Christkindlein kommen, wenn nicht sogar zwei. *Früher*, mit der Sofie Keeser, war es also auf gar keinen Fall besser. Höchstens, gemäß eines längst vergessenen Naturgesetzes der Mengenleere (mit zwei e) hunderttausend Mal schöner. Bei alten Deppen wie mir unvergessen. Und eigentlich, merken S' Ihnen des, hätten Sie diesen Text gar nicht lesen sollen, weil in ihm sage und schreibe zwölf Mal das verbotene Wort *früher* vorkommt.

Söder und die Seuche

Wie ich jetzt auf den momentan weltberühmtesten Nürnberger Politiker komm', weiß ich auch nicht. Wenn sich aber mein aus Altersgründen zugegeben nicht ganz ungetrübtes Oberstübchen recht erinnert, hab ich den Söder schon vor sehr viel Jahren bei allen möglichen wie auch unmöglichen Gelegenheiten erleben müssen. Einmal, wie er noch der Journalisten-Azubi beim *Bayerischen Rundfunk*, Abteilung Nürnberg, gewesen ist, hat er mich in meiner Eigenschaft als Sumpf- und Sensationsreporter beim verblichenen *8-Uhr-Blatt* mittels eines seinerseits sehr unterwürfigen Telefongesprächs ein bissla aushorchen wollen, wer von uns zwei über irgendeine mutmaßlich brisante Angelegenheit mehr weiß, und falls ich, damit ich es dann ausplauder, und er meine Ausplaudereien verwenden kann. Mühe- und kostenlos. Einige Zeit später als Privat-Sekundant vom Günther Beckstein, der damals daheim in Langwasser zu einem sehr trauten, in jeder Beziehung sehr flüssigen sogenannten Informationsgespräch eingeladen hat. Der Söder, abgefeimt wie immer, hat statt einem manchmal argumenthemmenden Alkohol in hinterlistiger Weise nur Mineralwasser getrunken, sodass ich mich seiner vollkommen unfallfrei geäußerten Anschuldigungen von linker Bazille, über Sozialisten-Depp bis zu ›Gehn's doch nüber!‹ (in die DDR) nicht mehr so recht erwehren hab können.

Oder es ist mir noch im Gedächtnis haften geblieben, wie ich ihn im Nürnberger Grand-Hotel interviewen hab sollen, ungefähr zum Thema »Der Söder als solcher oder wie oder was«, und ich ihn auf seine raumfüllende Bewunderung hin für den allerallergrößten Vorsitzenden

F.J. Strauß angestottert hab »Wie? Der Strauß!?? Des is edz aber nedd wahr. Der skandal- und affärentr. . .« Die Worte »affärenträchtigste Politiker« hab ich gar nicht mehr zu Ende sprechen können, weil der Söder aufgesprungen ist, um ein Haar meinen Notizblock untern Tisch gepfeffert hätt und verhältnismäßig laut gesagt hat: »Ich brauch keine Belehrung! Der Strauß ist und bleibt mein großes Vorbild. Punkt! Wir können das Interview hier jetzt gern auch abbrechen ...«

Oder später, wie ich in der *8-Uhr-Blatt*-Hierarchie aus Versehen ein bisschen nach oben gerutscht bin, ebenso scheint's in der Wichtigkeitsskala vom Söder! Zack! Bin ich, der frühere Sozialisten-Depp und Strauß-Inimicus, auf einmal von ihm ins *Café Kröll* zu dem einen oder anderen Gratis-Häfala Kaffee eingeladen worden, manchmal sogar inklusive 1 Stück Arrakschatt, und hab mich alle paar Wochen voll in seiner Huld befunden.

Ja, und so hab ich ihn halt als Rächer aller linken Bazillen die nachfolgenden Jahre mehr oder weniger öffentlich immer wieder einmal alles Mögliche und Unmögliche geheißen – notorischen Rechthaber, Klugscheißer, Machtgierling, Söderla, Populismus-Pfeife, Leiter vom Intriganten-Stadel in der Jakobstraße Nummer 46 und so weiter und so weiter.

Und jetzt gschwind noch was ganz anderes, aber durchaus im Thema Nummer 1 verharrendes: Ein gewisser Herr Wolfgang Wodarg, pensionierter Dokter und Wirrologe, hat dieser denkwürdigen Tage – so ist es mir auf unserer Stammtisch-Wozebb, oder wie die heißt, am Eifon mitgeteilt worden – in einen Juduub hineingesprochen, dass wir ruhig so weiterblödeln können wie bisher, weil es überhaupts keine Seuche gibt und das Sterben, vor allem am Lebensende, völlig normal ist. Erstens, und zweitens hat sich zum gleichen Thema kurz danach auch die Tante Esken von der SPD einen abgewittert, ungefähr des Inhalts, dass wir eine freiheitliche Gesellschaft bilden und insofern keine Ausgangsbeschränkungen brauchen. Und drittens steht unser fränkischer Weltobersportwart, der Tausend- bzw. Milliardärsassa Thomas Bach, auf dem Standpunkt, dass ihm etwaige Viren voll am Arsch vorbeigehen und die olympischen Spiele in Japan auf Biegen und Kotzen stattfinden müssen. Und wenn's halt sein muss ohne Zuschauer und ohne Athleten. Hauptsache der Rubel rollt, in dem Fall der Yen. Schad, dass momentan auf unserem schönen Nürnberger Mehrbereichshauptmarkt in den nächsten Tagen kein Beach-Volley-Ball-Turnier, keine Kugelstoß-Meisterschaft, kein Red-Bull-District-Ride stattfinden und mithin auch keine 1000 Tonnen Sand aufgehäuft werden. Sonst könnten nämlich der Wodarg, die Esken und der Bach täglich und öffentlich ihren Hohlkopf in denselben hineintauchen, in der Hoffnung, dass infolge der Abkühlung im Sand ein bissla Hirn nachwächst, für den Fall natürlich nur, dass vorher eines da war. Ähnliches gilt auch für die Veranstalter fröhlicher Husten-Partys.

Was jetzt die Rede vom einstigen Söderla am vergangenen Freitag und vor allem sein Handeln betrifft, so räume ich gedächtnisknirschend ohne weiteres ein, dass es mir außerordentlich schwer fällt. Aber ich schreib es jetzt in meiner Quarantäne-Station trotzdem hin: Ob ihm kunstfertige Ärzte vor einiger Zeit eine Empathie neitransplantiert haben, ob er daheim bei seinen Kindern Nachhilfestunden in den Fächern Verantwortungsbewusstsein, Mitmenschlickeit und Bescheidenheit genommen hat, ob es seelentief echt ist oder nicht – das ist mir worschd. Weil ich (zugegeben in meiner Eigenschaft als Mitglied der Risikogruppe 1) glaube: Seine Rede und sein Regieren am letzten Freitag haben Hand und Fuß gehabt. Und, noch viel erstaunlicher, Hirn und Herz. Was ich eigentlich schreiben hab wollen: Hundert mal lieber werd ich momentan vom Söder regiert als zum Beispiel vom Bach, vom Wodarg oder von der Esken. Gott mundschütze uns von den Letzeren!

Und kraft des letzten bisschen Hirn, das mir noch geblieben ist, möchte ich jenen Teilen der hiesigen »freiheitlichen Gesellschaft«, der es wie ich höre daheim vor lauter Ausgangsbeschränkungen so arch langweilig ist, mit auf den Weg durch die Quarantänen geben: Nach dem Sterben ist es vermutlich noch viel, viel langweiliger.